父亲的声音

朱传荣 著

图书在版编目（CIP）数据

父亲的声音/朱传荣著. —北京：中华书局，2018.9
ISBN 978-7-101-13292-2

Ⅰ.父… Ⅱ.朱… Ⅲ.朱家溍–生平事迹 Ⅳ.K825.4

中国版本图书馆 CIP 数据核字（2018）第 117261 号

书　　名	父亲的声音	
著　　者	朱传荣	
责任编辑	朱　玲	
出版发行	中华书局	
	（北京市丰台区太平桥西里 38 号　100073）	
	http://www.zhbc.com.cn	
	E-mail:zhbc@zhbc.com.cn	
印　　刷	北京瑞古冠中印刷厂	
版　　次	2018 年 9 月北京第 1 版	
	2018 年 9 月北京第 1 次印刷	
规　　格	开本/787×1092 毫米　1/32	
	印张 12⅛　插页 2　字数 350 千字	
印　　数	1-8000 册	
国际书号	ISBN 978-7-101-13292-2	
定　　价	56.00 元	

目 录

辑四

后记 / 372

那种其乐融融的气氛。父女情深，生活恬淡，至今给我留下了很深刻的记忆。先生生活简朴，无欲无求，也极大影响了子女的生活态度，而"有所为，有所不为"的做人准则也成为了传荣她们行为的规范。朱家近代自文端公朱凤标以来就是诗礼之家，世家的承传绝对不是财产的承继，其实至季黄先生这一代，家中的收藏早已捐献给了国家，可称清贫，但却又是富足的，这种承继是不泯的家国情怀和道德操守，这才是取之无尽，用之不竭的精神财富。孔子云："父在，观其志；父没，观其行；三年无改于父之道，可谓孝矣。"传荣以"善承嘉锡，毋坠世守"自勉，我想，这也正是家风的所在。

《父亲的声音》即将出版了，这既是传荣对于父亲的怀念，也为今天的人留下了了解老一辈学人经历、学养、志趣、生活的资料，当是一件很有意义的事，于此些许赘言，也寄托着我对季黄先生的思念。

赵珩　於丁酉年岁杪

家世简述

按照家谱上的记载，朱氏一族最早可以追溯到唐代，是婺源人。后代中有南宋时的著名理学家文公朱熹。元末战乱中，朱熹的七世孙朱寿逃难到了浙江，家谱上记录说，"至萧，赘于金氏，生三子：广一、昌二、明三。婺源一脉，遂开族于萧邑。"

在萧山落脚的村子原来叫金家坛，后来朱姓渐众，改叫朱家坛，至今如此。

我高祖的父亲朱凤标，在清道光十二年从萧山考中一甲二名进士，授翰林院编修。先后作过吏部、户部、兵部侍郎，起居注官，翰林院侍讲学士，体仁阁大学士等职。此后，广一公一支的后代中，就又有了北京的一支，于是萧山就成了后人的原籍。

高祖朱其煊，字少桐，咸丰七年以二品荫生应试，取一等二名，签分工部，历任工部郎中、湖北荆襄兵备道、山东布政使等职，所至提倡新政。

曾祖朱有基，字伯平。历官江西建昌九江府知府、四川川东道，有政声，重庆浮图关有川东所属府州县民为先曾祖所立功德碑，至今尚存。

祖父朱文钧，号幼平，字翼盦。生于光绪八年，卒于民国二十六年。光绪三十一年游学英法。辛亥革命后，历任国民政府财政部参事、盐务署厅长等职。民国十七年政府南迁时即脱离政界。祖父学问渊博，鉴别谨严，所藏法书、名画、铜、瓷、玉、古家具、古籍善本等无一不精。

父亲朱家溍，兄弟四人，父亲1914年生于北京东城西堂子胡同。1937年进入辅仁大学国文系读书。1942年逃出沦陷的北平前往重庆，就职于粮食部储备司。1943年借调到故宫，参加"中国艺术品展览"的工作。抗战胜利后，1946年进入故宫古物馆。从此，父亲的大半生一直服务于故宫博物院，2003年在北京逝世。

辑 一

这一辑中记述的人，有父亲的老师，同事，朋友，也有父亲本人。他们是一个时代的人，也互为彼此的成长背景，像自然界中的一片混生林。只有走进树林，才能认识树。相同的，不同的树。

序

季黄（朱家溍）先生是我的长辈，也是我最崇敬的前辈学人之一。

不久前，季黄先生的女儿传荣送来她为中华书局写的新书——《父亲的声音》校样，要我为这本书写一点文字。其实，传荣回忆其尊人的著作我是没有资格评议的，更不敢妄称为"序"。只是岁月流逝，老成凋谢，与季黄先生同辈的人基本都已离世，而在晚辈中我又虚长了几岁，加之我与季黄先生的接触较多，也写过怀念他的文章，传荣来找我，大概就是基于这个原因吧。

传荣对我说，她无法写一部详细叙述父亲生平的书，我想这是很实事求是的。目前这部《父亲的声音》分为了四个部分，分别记录季黄先生在故宫工作的往事和接触的师友；季黄先生一生所钟爱的戏曲和有关人物；季黄先生遗留文字的整理与编辑；回忆父母和家庭的旧事。我想，这四个部分已经提供了不少了解季黄先生生平的资料。

我曾经写过一篇《不以物喜 不以己悲》的小文，

仅就我和季黄先生的接触做了点滴回忆，这里就不再重复文中的内容了。而为什么用"不以物喜 不以己悲"作为题目，是因为我觉得没有更恰当与贴切的语言来形容和表达了，抑或这就是中国老一代文化人的德行与操守。这样的德行与操守甚至超乎了学人一生的名山事业，也超乎了后人的任何崇高赞誉。

传荣是季黄先生最小的女儿，也是在他身边时间最多的孩子。据我所知，传荣是随同父母在那个特殊年代到湖北咸宁"五七干校"的，她的小学教育几乎是在干校完成的。回到北京后，她才读了仍然处于"文革"风气笼罩下的中学。因此，传荣的教育多来自于父亲的言传身教。后来有幸进入故宫的紫禁城出版社（今故宫出版社前身）工作，不断学习提高，整理了乃父许多生前的论著，编辑了很多重要的书籍与图册，直到在副总编辑的职位上退休，很多学问的基础是来自于家庭的熏陶，大概，这就是所谓的家学。

在第三部分的最后，传荣用了"善承嘉锡，毋坠世守"八个字，我想，这正是传荣所恪守和秉承的家训罢。因为和朱家很熟，也就比较了解季黄先生的生活和家庭。先生钟爱他的子女们，但是又没有那种刻板的父亲威严，这使我经常感到在旧居的斗室之中，

辑四

一个称职的博物馆工作者

父亲去世后,《中国博物馆》的编辑来电话,希望写一点我的父亲朱家溍先生在故宫博物院工作的经历,无论从父女还是从同事的关系,这都是我最想做的事情。

粗活细活都能干的现代青年

父亲大学将要毕业时,以为自己对学校以外的事情基本上是无知,最好能留在系里,做些抄抄写写的杂事,或是在中学里教教历史、国文,还算胜任。及至毕业,逃离沦陷的北平,到了抗战的大后方重庆,却做了他意想不到的粮食部门的所谓"专员",每日工作是完全不着头绪的公文往来。回想大学里受过的国文教育,尽是汉魏六朝或是唐宋八大家,不论是散文,还是骈文,似乎都与眼前的公文拟稿不生关系。

向有经验的人请教，才知道调出档案，从存稿中学会了自己所需要知道的事。生疏的事很快变得非常熟悉了。

1943年，趁着重庆冬季雾天，没有敌人飞机轰炸，故宫博物院决定在市区两路口，当时的中央图书馆举办一次短期展览。参加展览的文物共八十箱，均为1934年参加伦敦艺展的中国古代名画。父亲被借调来当临时工，这件事让父亲空前地高兴。因为祖父收藏很多文物，父亲从幼年起对文物耳濡目染，到十几岁时就随着祖父每日接触金石书画。卷、轴、册怎样打开收起，铜、瓷、玉如何拿起放下，都和生活中其他事情一样熟悉。当然，作为正式工作参加毕竟是第一次，感觉和小时候参观，以及在家里保存文物的情况大不一样了。首先是从南岸海棠溪故宫博物院把八十箱文物一车一车地装上汽车，开到两路口中央图书馆，再一车一车地卸。卸下来穿上杠绳，两人一箱，走上若干层台阶，抬进临时的库房安顿下来。然后打扫陈列室，抬陈列柜，擦玻璃等。一系列卖力气的事情做完，才能坐下来，照着目录写陈列品名卡片。打开箱子，搬出卷、轴、册陈列起来。一边工作，一边欣赏，这时候的享受真是无法形容。展览期

全国文物一级品鉴定巡回途中，在重庆海棠溪一带寻访老住户，打听抗战时期的故宫库房所在地

父亲看到长长的台阶，兴奋地连声说，就是这儿，当年我跟王世襄布置展览，卸车上肩就从这里抬上去

过去，收、装、抬又是一个很大的体力劳动过程。

　　无论什么时候，提起这一段在故宫工作的最初经历，父亲都是那么高兴、自豪，高兴是从此与故宫结下不解之缘，自豪则是因为此间的工作态度得到了马衡先生，父亲称之为"马老伯"的嘉许，叫做"现代的青年需要这样，粗活细活都能干"。

马衡先生

父亲坦言，并没有体力劳动的习惯和爱好，不过遇上也没有什么好怕的。怀着一种好胜的心情去完成，所以不觉得苦。

抗日战争胜利后，父亲从四川回到北平。正式在故宫博物院工作，一切条件、环境和抗战时期不同了，但熟悉的文物工作中生疏感仍然时有出现。在参加"提集"、"编目"、"陈列"、"库房整理"等工作时见所未见的文物很多，既是工作内容，就必须把它们变成熟悉。同时即便是已经熟悉的事物，也要深入研究，以深化对它的认识。遇见不认识的事物，知道在什么书里可以查到，再向已有工作经验的人求教。书与实物相互印证，也相互补充。图书档案会告知文物的历史，文物也会填补书中隐藏的空白。

万变不离其宗的原则

1950年，父亲接受了一项突击性的工作，即为配合"全国戏曲工作会议"而在故宫举办"清代戏曲史料展览"，包括戏曲服饰、剧本、档案等一切与演出有关的物品，并在阅是楼畅音阁按照清代内廷演戏的实际要求布置起原状。

对于故宫这样一个兼具遗址性与艺术性的博物

馆来说，原状陈列是最贴近观众，最能够为观众传达历史信息的形式，但是在博物馆学中，这又是一项空缺的门类。外国的遗址性博物馆，因为不具备足够的档案材料无法做到史档结合，也就没有可供借鉴的经验。父亲是在这样一无依傍的形势下筹备的，这个展览的依据除相关档案以外，还专门访问了当年曾在畅音阁戏台上演过戏的王瑶卿等老演员，曾经被赏听戏的载涛等人，曾经在这里伺候过太后和皇帝听戏的耿进喜等太监，分别作了谈话记录。从这些历史见证人身上所得到的史料远远超越了"清代戏曲史料展览"的范围，对于已有档案文书记载或印证或补缺或纠正，最大的收获则是奠定了父亲从事博物馆工作的大方向，即据史用档，以档证史，档史结合。无论陈列还是研究，无论在古代器物的鉴定还是工艺美术史的探讨，可谓万变不离其宗。

展览后，父亲写出了《太监谈往录》一文，以访谈形式详细地记录下对耿进喜的访问，澄清了宫廷生活的诸多细节，而不仅是演剧方面的。

20世纪50年代马院长派给父亲的另一项突击任务，虽然不是陈列，但由于具有特别的意义，所以也值得记载。上级命故宫博物院提供清代政府接待班禅额尔德尼的一切资料。当时因正值西藏地方发生叛乱，少数国家纷纷以支持西藏独立为名，企图实施分裂中国之实，所以，接待班禅参观展览更是一个格外细致周密的工作。接待之后，父亲有一篇《故宫所藏明清两代有关西藏的文物》，发表在当年的《文物参考资料》也就是今天的《文物》月刊上。

文中介绍的"明永乐八年九月十六日敕谕"，是北京中央政府给西藏地方的一道命令。明代制度，全国各地设有"指挥司"和"卫所"，乌斯藏地方（即西藏）当然也不例外，设有乌斯藏都指挥司。洪武十八年命班竹儿为都指挥。永乐元年在必里和上邛，设二卫所，这是管理军政的机构。又有喇嘛八人，被封为"大宝法王""大乘法王""大慈法王"等，管理宗教事务，从"所在土官军民人等……敢有不遵朕命者必罚无赦"字样，足以说明一切行政宗教事务等都需听从北京中央政府的命令。

另有明宣德赏赐给达赖喇嘛的铜铃杵，又于乾隆四十五年由班禅额尔德尼作为向乾隆皇帝祝寿的礼物进贡给清朝皇帝。以及用满汉蒙藏四种文字合刊的白伞盖经注，更是统一的多民族国家独有的特色。凡此种种，无不证明着西藏自古就是中国领土不可分割的一部分。西藏地方尽管在语言、信仰上有自己的特点，但一直就是在北京中央政府统一政权下的一个地方。

此文刊出后，成为以后西藏问题研究的必读内容。以档案见证历史，以文物见证历史，为维护国家领土主权完整出具无可辩驳的历史证据，在博物馆中，是第一次。

据史用档　史档结合

吴仲超院长到任后，特别关注故宫的原状陈列。曾设想，通过室内陈设展示康熙乾隆时代的面貌。这个设想交代给我父亲以后，父亲开始作各宫殿陈设计划的调查。

各宫殿室内的陈设状况，各自有不同的历史时期的上限，包括建造年代和使用的经历。这些宫殿内部状况是历年积累下来的，它们有一个共同的下限——就是1924年，也就是溥仪出宫时的现场原状。这个现场原状最完整的文字资料是每座宫殿点查的详细记录，即《故宫物品点查报告》一书。这是必须参考的重要资料之一。

故宫所保存的清代档案中，内务府广储司有各宫殿的陈设档，是更重要的参考资料。但在储秀宫、长春宫展示乾隆年间状况设想，经过研究是不可能的。

因为东西六宫建筑规格是一样的，每宫有宫门，前正殿内部都是上有彩画天花板，银朱油木板墙，中设宝座，是为升座受礼的地方，不是作寝宫使用。寝

嘉庆七年养心殿明殿及后殿陈设档

宫在后殿。然而储秀宫、长春宫，则已拆掉了储秀门、长春门，各改建为体元殿、体和殿。

把储秀宫、长春宫的前正殿改为寝宫形式，门窗和室内装修都改为寝宫式。从"奏销档"中得知改造是光绪九年为慈禧太后五旬万寿进行的。当时正是慈禧太后以储秀宫长春宫为寝宫的时期，这两宫的历史面貌上限只能是光绪九年。虽然保存有乾隆年间孝贤纯皇后居住储秀宫时期的陈设档，但建筑格局完全变了，无法按档案恢复乾隆年间的原状。

其次，是按照光绪年间的陈设档进行布置，和建筑格局条件是完全符合的。

再其次，是按照《故宫物品点查报告》恢复1924年溥仪出宫时现场原状，也就是当时溥仪的皇后婉容居住储秀宫，淑妃文秀居住长春宫时期的原状。

经吴院长同意，储秀宫、长春宫按照光绪年间陈设档进行布置。翊坤宫、体元殿、太极殿，因上限相同，也一致进行。

父亲对自己的评价是"一个称职的博物馆工作者"，其他称赞性质的称呼，都认为是不恰当的。他很认真地对我说，我不是专家，我没有关于清史或明史的专著，虽然清史我懂得，明史我也懂得，谈到研究，且差得远呢。现在所做的，就是一个博物馆工作者应该会做的。博物馆工作的性质就是"博"，就是丰富和无法预料性，这就要求干这一行的人首先能做到，遇见什么样的问题知道到哪一类的书里去查。除此之外，别无捷径。

作为女儿，我知道这不是谦虚，是父亲心中对博物馆工作者的定位，我赞同这个标准。博物馆和博物馆工作者的定位，应该是社会文明的度量衡。而不应该以某个人，甚至某个时期的程度而上下起伏。换句话说，只能是从业者去适应职业，不是职业任意降低标准适应从业者。这才是放之四海而皆准的道理。

高山仰止，景行行止，虽不能至，心向往之。

好老师启功先生

启功先生于我，没有亲炙之缘，却也是从小到大熟悉的人。

通家之谊

启功先生的家庭与父母各自的家庭都有很深的渊源，以至于辈分会出现差异，所谓"从你们家这儿论，得叫……"，而"从你们家这儿论应该叫……"的说法，是从小时候就听父母多次作为笑谈说到的，这也是北京城过去的家庭交往中比较常见的现象。同朝为官，同年中举，同门，姻亲，交织之后即如此。

所谓旧式家庭这样的关系很多，因此父母在时反而没有问过究竟是怎样"论"的。

2003年10月，父亲的追思会上，启先生在书面发言中介绍："我的外祖家和朱先生的外祖家有通家之谊。我母亲的伯祖（荣绮）是朱先生的外祖（张仁黻）的科举业（座）师，我的先母和朱先生的母亲常在一起玩耍，两家小孩的一同玩耍的友谊是最坚固、最友好的。"

总算是有一个方向可以说得清了，而且确凿。因为出自当事人之口。但与母亲的家庭究竟有怎样的关系，我虽然也有些自己的猜测，还说不出这么可靠的话来。

1985年父母结婚五十年金婚纪念，父亲有一本作纪念的册页，启伯伯题诗，我们兄妹四人都能背诵的一句是："画烛深堂五十年，齐眉人羡地行仙。"清楚明白，一听就懂，五十年称作"金婚"，"齐眉"语出梁鸿孟光夫妻恩爱的典故。而差不多过了三十年之后，启伯伯日记、诗文陆续出版，知道启伯母1975年已经去世，才觉出相隔十年的这一句诗后面，有他自己很深的痛在内。生活条件改善了，钱比过去多了，冬天比过去穿得暖了，可是一起生活用钱的那个人没有了。

"猪跑学家"

大约80年代初吧，所谓百废俱兴的时期。有一次聚会，在我的舅舅赵元方家里，参加的是陆宗达先生、启功先生和我父亲。

舅舅晚年身体差，出门不便，朋友总是凑合他的时候多，但不能多于四人。原因是，舅舅的家在"文革"之后，只有一间北房的东耳房，房中一桌，一床，一书柜，一床头柜。一椅在桌前，舅舅自坐，一椅在桌旁，客坐，另有折叠圆凳数只，来客超过一人时所用。

说起各自当下所作的工作，又说起开始受到的重视，说着说着就说到了各自的老师，感慨自己今日如何比得老师从前，差的不是一星半点那么多。

我的舅舅与陆宗达同年，1905年生人，启功先生1912年，我父亲1914年。他们的受教育经历，共同的是都有很好的中国教育的基础，诗文书画都不陌生，不同是陆伯伯与我父亲在此之外，又上过新式的大学。

启功先生说，不是有那么句老话儿，"没吃过猪肉，还没看过猪跑吗"，咱们，其实就属于那看见过猪跑的。什么专家呀，顶多了，算个猪跑学家还成。

大家深以为然。

从小就听父亲说，自己跟的都是好老师，沈兼士、余嘉锡、顾随，可在哪一门课中都不是好学生，爱好过于广泛，"玩之余则以学文"。

舅舅的老师沈兆奎，字无梦，号羹梅。在清末新政实施过程中，去日本考察过教育，回国后在学部任职。藏书，也藏金石碑帖。陆伯伯的老师黄侃，是章太炎的学生，是经学与小学的著名学者，在近代学术史上产生过巨大影响的人。启伯伯的老师陈援庵、溥心畬。这些名字都是耳熟的，但老师究竟能够怎么个好法，不知道，直到我自己遇见《励耘书屋问学记》。是1982年的第一版，深绿色封皮上，一幅书房的钢笔速写，是在书市上以贱价所得，略一翻，作文的人名字大多是在家中听见过的，所以很自然地觉得这书跟我有关系，就买了。

启伯伯收入集中的一篇是《夫子循循然善诱人》，记录的是在陈援庵先生门下最基本的所得。其中传授怎样教书一节给我印象至深。援庵先生的要求是，对学生，不许有偏爱偏恶，不许讥诮，不要发脾气，原因是你发一次，即使有效，以后再有更坏的事件发生，又怎么发更大的脾气？万一发了脾气之后无效，又怎么下场？再不好的学生要尽力找他们一小点好处，加以夸奖。让学生有善恶，有荣辱，先要自己做一个好的为人的榜样。

援庵先生的教导是，作为老师"你总在台上坐着，学生总在台下听着，成了套子。不但作文课要在学生座位行间走走。讲课时，写了板书之后，也可下台看看。既回头看看自己板书的效果如何，也看看学生会不会记"。"字写不好，学问再大，也不免减色。一个教师板书写得难看，学生先看不起。"

启伯伯说，老师黑板上的字，和平时写在花笺上的一样，匀称清楚，绝不潦草。板书每行四五字，绝不写到黑板下框处，怕后边坐的学生看不见。写哪些字，好像计划过的，但又不敢问，您的板书还打草稿吗？后来无意中谈到备课问题，老师说，备课不但要准备教什么，还要思考怎样教。哪些话写黑板，哪些话不用写。易懂的写了是浪费，不易懂的不写则学生不明白。原来黑板写什么，怎样写，老师确是经过考虑的。

援庵先生是史学家，对自己学生的要求是，无论专注方向是文是史，都"必须懂诗文，懂金石"，原因很简单，"否则怎能广泛运用各方面的史料"。

有一个关于画的真伪的例子，是援庵先生写《吴渔山年谱》时期，广泛收集吴的各种材料，有一次启伯伯被老师叫去看一个册页，画的题是《仿李营邱》，水平不坏，可是老师直截了当说"这册是假的"，启伯伯忙问原因，老师说，孔子的名字，本来历代都没有避讳，是清代雍正四年，才下令避讳，凡遇"丘"字时，加"邑"旁作"邱"，雍正四年以前，并没有这个习惯，吴渔山是清初人，卒于雍正以前，如何能预先避讳？定真伪凭的只一个字。

启伯伯晚年因书画鉴定而得大名，许多被记录被传诵的故事背后，他的独特而有效的方法，其实是因为史学家的长期培养与训练才具备的，是援庵先生对学术追求的有意培养之功。

抛开猪肉与猪跑说法的戏谑成分，会由衷感到这其实是一个让人悲哀的实话。这几位做学生的，有天资，知门径，得高寿，只是一生多消磨在不着边际的政治运动中。天假以年，不过是终于熬到了作为猪跑亦可成学的年代而已。

从这一点应该看到并且懂得，他们生前所有那些拒绝宣扬的话都是极其真诚的，实事求是的，绝非过谦之辞。

朱季黄哀辞

父亲去世，故宫召开追思会，启伯伯没有到场，是写好一个发言，委托他的学生王连起代为宣读。

这是令我最为动心的一个发言。在那个由大伯父而形成的朋友圈中，父亲是大家共同的小弟弟，现在，连这小弟弟也离开了。

启伯伯的发言叫《朱季黄哀辞》，听上去，口气有些断续，想得出他的思想正缓缓掠过他们共同经历过的一个世纪，相对于这个经历来说，他的叙述已经是最简短的，最快捷的了。

亟想让更多的人读到这篇文字，为我父亲，为启伯伯，为一个远去的时代和一群人。

启功顿首再拜

我的外祖家和朱先生的外祖家有通家之谊。我母亲的伯祖（荣绮）是朱先生的外祖（张仁黻）的科举业（座）师，我的先母和朱先生的母亲常在一起玩耍，两家小孩的一同玩耍的友谊是最坚固、最友好的。

我在二（四）十余年前曾登堂拜见过朱伯母，那天我最难过，忍着眼泪，没敢掉出来，因为我的先母已久去世了。

朱先生早年在辅仁大学国文系读书，多才多艺。能文，是文笔流畅；能武，是能演武生戏。从前许多文人都爱唱票戏，唱老生的多，唱旦角的少，唱武生的要武术的基本功，票友多不曾学过武术，也不敢擅动武生戏。

辅仁大学的文学院院长是沈兼士先生。沈先生是章太炎先生的门生，音韵学的专家。朱先生选修沈先生的课，这门功课，选修的人不多，因为太难。而朱先生却注意学习，我们觉得很奇怪，后来明白，朱先生在上大学时，已酷爱京剧，专习武生。唱京戏讲究念白，有许多字与古音韵有关，如何才能念对了使戏剧内行同意，也使音韵学家认可，恐怕票友中被尊为"好老"的"红豆馆主"也未必精道。而朱先生却能明白古今音理的变通，这中间的奥秘，恐怕多少"内外行"未必说得透。

有一年，故宫在神武门城楼上辟出剧场，由博物院中的同仁来演戏。朱先生主演《摘缨会》，边舞边唱，武生的短打，见真功夫。朱先生举重若轻地演了一场，观者满堂喝彩！这应不是任何武生票友都能演的，得有短打武功的真实本领。

朱先生的舅父张效彬先生是一位收藏家，金石、书画、碑帖无所不收，也无所不精。由于收藏金石碑帖，编了一部自古至今的汉文字的书，是汉字自古至今的总汇，用的资料全是张老先生自家的收藏。

老先生把说明文字的任务交给了朱先生，朱先生举重若轻，看（撰写）了全稿。因为朱老先生（文钧）也是一位金石家，收藏了许多碑帖（后来都捐献故宫了），所以朱先生对于金石文字并非外行。可惜的是，朱先生的这位老舅父，做过驻苏联的领事，竟在"文化大革命"中死于冤狱，那本汉字稿本，也不知去向了。

朱先生的夫人是清代蒙古族的大学士荣华卿（即荣庆）的孙女，朱夫人的哥哥是一位旗下人，藏书家。朱先生的祖父也是清代的一位中堂，所以他对于清代官宦人家的生活、规矩是很了解的。到了故宫，分配他管过图书，管过宫史，他都不外行。所以他写了许多书，大家读了都奇怪，说他怎么这些方面都说得出，说得透，实在并不奇怪呀。

现在朱先生已经千古了，我们在悲哀中也感到安慰。悲哀是人情，安慰是理智，朱先生一生是有价值的。

做个正常的好人

2005年，启伯伯去世。自此，"猪跑学家"的四人又聚齐了。

2012年，是启功先生诞辰一百周年，这一年，有纪念会，有展览，听了很多发言，看了很多回忆文章。在大量又集中地阅读这些文字之后，却记起了一副对联："世事洞明皆学问，人情练达即文章。"

启功先生自幼家境艰难，中学之后，竟至困顿到需由他来养家的地步，傅增湘先生引他认识陈垣先生，初衷原只为能得一个谋生的机会，也就是俗话说的"饭辙"罢。始料不及的是这困顿的学生由此栽培长成大材，克绍箕裘，教书，育人。成良师，成大师。人情的各种状态，冷暖，向背，都亲历了。世事的变迁，轮转，也身经了，却始终没有把他练成老于世故的人。今天，在他去后，弟子晚辈所难以忘怀的，也大多是这一点。

启功先生天赋好，肯用功，又遇见如傅增湘先生，陈垣先生那样为数不少的师长的帮助与教育，从方向上影响了他做人做学问做老师的一生。同时人性上始终是善良，有趣味，有真性情的人。对艺术的美、文化的美有敏锐而长久深厚的爱，对人，对家人，对年轻人，随他读书的人，需要帮助的弱者，有易感的心，不忍的心，眷顾的心。

我以为，启先生最突出也最重要的身份是——好老师，用他自己的话说，我干的是教师爷，传道、授业、解惑是我的本分职责。

缅怀先人的什么才对后人具有不变的真实意义，是一个时时萦绕心间的问题。不是他们的天赋，不是他们的出身，不是他们的才情，而是他们对人这一整体的爱，对自己的尊重。保有我们的纯真与热爱的能力，老实做人，踏实求学。不曲意逢迎，不强作解人，总是可以做到的。

做个正常的好人，做个有责任心的好老师，都是应该的必要的，即便没有启功先生。

这不是理论问题，也不是学术问题。

这是人应该有的"洞明"与"练达"。

我所知道的王世襄先生

2004年为《人物》杂志所做。

应约写王世襄先生，这在我，不是常事，不是容易事。我答应，是因为责无旁贷。幸运的是稿子先给王伯伯看过，并且为我补充了他与父亲拘留时的编号。

百年通家之好

王世襄先生和我家是世交，太老伯和我的祖父都是马衡院长的好朋友，都曾经为初期的故宫博物院工作过，太伯母和我的祖母均擅诗词绘事，有唱和之乐，因为太伯母中年去世，我的祖母对王伯伯就格外关注，常常会不自觉地对王伯伯说起，母亲去世太早了这样的话。有一种亲如己出的怜爱。

王伯伯与我父亲是同年生人，家境相近，都是玩心极盛，好胜心极盛，还格外认真。他们的成长期，用父亲的话说是"玩之余则以学文"。王先生初入大学时，耽于嬉戏，几乎导致退学。父亲连考两次理工科专业，未能录取。在各自的家庭里，他们都不是最出色、最有才气的那个孩子。

抗战军兴，年轻人不愿做亡国奴，他们二人都分别去了后方，胜利后，先后复员回北平，又先后进了他们早就发誓终生相许的故宫博物院。50年代，他们在同一天的全院大会上分别押上了大卡车，先后在白云观、东岳庙两处公安学校被拘留，审查并不存

在倦勤斋室内修复论证会上，与王世襄先生聊天

在的贪污以及历史问题，拘留时的编号，王伯伯是三十八，我父亲是五十六。60年代，他们分别随故宫和文博研究所下放到湖北咸宁"五七"干校，王伯伯在七连，父亲在九连。

浩劫之后，他们都已经是六十多岁的人了，才得以公开地倾心地工作。父亲在时，常常感慨，十一届三中全会以后才敢在孩子们跟前说真话。王伯伯是认为"拨乱反正，改革开放新国策，对我等实恩同再造"。颠倒的是非，一旦颠倒过来，竟然就能"恩同再造"，其实不过是"从此多年来写成之稿件，积累之资料，得陆续以本人姓名正式出版。其鼓励鞭策之力，何止万钧"。作有用人，成有用事，对于他们二人都是最大的幸福和享受。

上个世纪的一切沉浮，他们都经历了，他们是性情投合的好朋友。

善书

1983年，《髹饰录解说》由文物出版社出版。得着样书的那天，王先生淋着雨，来了，给父亲一本。

笑着说，出来了。

母亲接着说了一句，如不看转送人。

父亲与王世襄先生坐在尚未修复的俪勤斋中

三个大人都笑了。

我不明白母亲的话什么意思，也不明白他们为什么笑。等王伯伯走了，赶紧追问，母亲解释说，就是这本《髹饰录解说》，王伯伯从1948年就开始写，到1958年大致完成。那时候刚当了右派，写出来，也没有地方敢出。他自己花钱刻蜡版，油印了二百份，白送给各大图书馆，艺术院校，工艺美术工厂和研究所作为漆工艺的参考书，封面上只印了自己的号"王畅安"，连名字都没有用。过去常有人许愿，出钱印经，印几百册，放在庙里，供人自取。作为一种善行，这种经书叫"善书"。书的最末一页，或是扉页的背面，差不多都印着这么一句话"如不看转送人"，有时还有"版存某处，敬希翻印"的话。王伯伯印的书，就差这一句了。咱们家原来还有一本油印的，也是王伯伯送的，抄家以后就没再看见。

黑色封面，朱红色作书名，作为正式出版物的《髹饰录解说》使人联想到古代漆器中最常见的两种颜色。设计出自仇德虎先生之手，典雅又切题。给人留下很深印象。

但是由于出版社计较成本，取消了所有的彩色插图，使绚丽多彩的漆器黯然无色。读者越是惊叹注解的详尽和精确，也就越是为此遗憾。直到《髹饰录解说》的第二次印刷，1998年的版本才终于用上了彩

王世襄先生自费油印的《髹饰录解说》

图。这时已经是十五年过去了，庆幸的是王伯伯高寿，赶上了。

我在北京图书馆借到过这本书的油印本，日期是1958年。线装一册，瓷青纸书衣，宣纸书签。

还有一种，《清代匠作则例汇编》中的佛作与门神作，也是油印，1963年，纸挺糙，一看就知道是三年困难时期的再生纸。里边有很多头次见到的字，像"錽"读剪，是金属装饰中的一种手法，有錽金、錽银等。还有什么"沥粉贴金"之类的词汇，也是这时候认识和知道的。

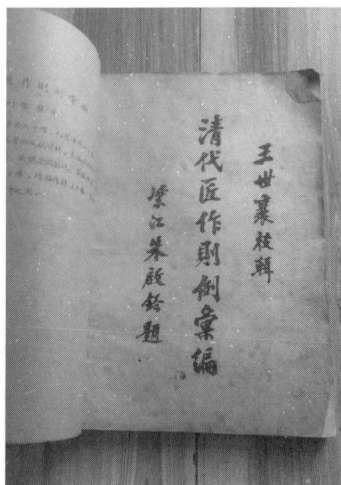

王世襄先生自费油印的《清代匠作则例汇编》

无欲则刚

算起来，《髹饰录》初版前，正是王伯伯最困难，最痛心的时候。十个月辗转于公安学校与看守所之间，饱尝手铐脚镣滋味，还染上了肺结核。更令人不可思议的是，这样的"审查"结束之后，尽管证明无罪，却仍然被开除公职，从此被迫离开发誓终生相许的故宫博物院。

1957年，王伯伯成了右派，1962年，又有一个"右派改正"，说是给部分右派摘掉帽子，尽管在上级组织那里，他们仍然被叫做"摘帽右派"，但毕竟是绝境中的一线希望，父母肯定是在家里说过什么为右派担忧，或为改正庆幸的话，我的大姐当时十岁左右，很用心地记住了。下一次王伯伯到我家来的时候，大姐认真地向王伯伯问："现在王伯伯算好人了吧？"王先生只好笑着答："算好人了。"

1983年的夏天，我坐在老北图高大阴凉的阅览室里，头上老式的黑色电扇忽忽地旋转，面前是王伯伯两种纸墨都不精良的非正式出版物，不由得感慨万端。

那段时间，我正在热读海明威，《老人与海》中说："一个人可以被毁灭，但不能被打败。"不太明白，可是记得很清楚，觉得用在王先生身上挺合适。曾经写了一篇作文，写什么忘了，海明威的话肯定用上了，还跟王伯伯说过，王伯伯当时只是说："嚯，你说的这作家，我还真不知道。"换成中国式的说法，大概应该是"三军可夺帅也，匹夫不可夺志也"，或者是"不坠青云之志"。只是二十年过去，说到王伯伯的经历，我仍然无缘由地会记起这句话，所以，还是写在这里。

几种《髹饰录解说》的序中都说到，甚至在总结自己八十岁生活的有名的《大树歌》中也写到了"蠖公授漆经，命笺《髹饰录》。两集分乾坤，字句度往复。……十载初稿成，公命幸未辱！"

蠖公就是王伯伯常挂在嘴边的朱桂老，《髹饰录解说》的题签下落款的紫江朱启钤（字桂辛）先生，是我国古建筑、髹漆、丝绣等门学术研究的奠基人。朱启钤先生自筹资金刊刻了宋本的《营造法式》，创建了营造学社，又把我国仅存的漆工专著，只有孤本藏在日本的《髹饰录》录得副本刊印流传，并为中国古代工艺的流传培养了一批空前的学者。诚然，文明中的这一烛薪火，从此有了传承，王伯伯不能忘记师恩，我们更不能忘。

朱启钤先生给青年指出方向，没有自己的利益在内，王伯伯穷一生精力于此，也没有自己的利益在内，所以他们都是不可以被打败的人。

1999年，距离《髹饰录》初版油印四十一年，有藏书者将此本送至翰海艺术品拍卖公司竞拍，以千元成交。买的人，一定不是漆工，"如不看转送人"，我想起母亲的诙谐。

福缘自造

王世襄先生的书名，专论之外，总是"锦灰堆""自珍集"这样的名字，看起来充满着谦逊意味。我却觉得这不是谦逊，是真实的自况。

王伯伯家里有一把扫炕笤帚，是王伯伯自己扎的，已经用了三十多年。王伯母曾有小文记此事："'文革'中，我与世襄分别在静海团泊洼、咸宁甘棠乡两干校，相距逾千里。一日世襄用小邮件寄此帚，谓用爨余竹根、霜后枯草制成，盖借以自况。而我珍之，什袭至今。"

唐琴，宋画，明版书都是可珍惜的，价格随着时间的变化也会有高低贵贱的不同。人间真情呢？在人心中，在生活的每一处细节中，却永远是无法衡量的价值。

偶然到王先生家的人，都会惊诧，房间中拥挤着许多看来没有用处的东西，纸盒子，各种形状的，绳子，宽的，细的，绕成一个一个的小捆，甚至整包书的包装用牛皮纸，也被细细致致完整地拆开，成为一个桶状的壳子，竖在其他杂物中间。碰上谁要从王先生家拿东西走的时候，这些包装就一一派上用场。伯母还会细心地告诉你，别那么粗粗拉拉的，这张纸将来还能用呢，这都是我一点一点收拾起来，扔了多可惜呀。

外出散步时，王伯伯和伯母身上总揣着些用过的药瓶子，小塑料袋什么的，因为年纪大了，常常要吐痰，又不愿意吐在地上。

过年时，王伯母总要构思一幅小小的刻纸，神气活现，是当年的生肖，贴在买来裁好的白卡纸上。下款是恭恭敬敬的夫妻姓名。大小正好合适装进5号信封。

2003年，嘉德公司专为王氏夫妇举办的"俪松居"专场，展览和拍卖都异常火爆，成为本年度引人瞩目的新闻之一。坊巷之间，争说王世襄成为时尚。

物之聚散，有天意在经管。不知道哪些人成了俪松居旧物的新主人，古物有灵，珍惜手捧着的是一份福祉。

有一句老话，常常被写在过年的春条儿上的，叫"福缘自造"，说幸福是由自己创造出来，能自爱，能爱人，爱生活的人，都会有自己一份幸福的。

我所知道的王世襄先生，就是这样一个自己创造了幸福的人。他是正直的人，有做人做事的原则和立场，随和但不苟合；是有学问的人，无一说无根据，无一句无来历，即使是活跃在口语中的某些字，也要把援引的字典或是辞书注明；是有趣的人，不以无趣无味为荣，行文如抵膝而谈，活力盎然，常使人会心一笑，譬如说北京狗，"它对主人忠诚友好，但又不贫"，对"贫"的解释则是，"北京俗语，指无休止地向人表示好感"；是有大爱的人，为人纯真，富于理想，在风雨浮沉的任何一种生活中，这种爱支持着他，"风雨摧园蔬，根出茎半死。昂首犹作花，誓结丰硕子"。

所有读过王先生文章的人，该庆幸自己生正逢时，读这样的文字，感受这样的人生。我们不一定学习漆工，不一定会弹古琴，也不用特地准备一辆传说中的加重自行车，到远郊区县去淘换古旧器物，我们可以踏踏实实做好我们自己，成就我们本来可以成就的事情。世界之可留恋，不就在于它的参差多样吗？当然，不会有很多的"朱桂老"，知人善任，如称职的园丁。但遇见别人在做有益无害的事情的时候，能帮助就帮助，不能帮助，不要作别人的苦寒，总可以的。

尽管说梅花香自苦寒来。

隔海故人来

　　那志良先生（1908—1998），字心如，北京宛平（今属丰台）人。1925年1月入故宫后，相继参加清室善后委员会点收，故宫博物院成立，伦敦艺术品展览，古物南迁疏散后方，文物精品运台，编辑各类文物图集，推广文物知识，毕生精力投入故宫博物院的建设与发展。

　　那先生生前有《玉器通释》、《古玉鉴裁》、《玉器辞典》、《古玉论文集》、《中国的玉器》、《古玉图籍汇刊》、《精致温润的玉器》、《中国古玉图释》。于玉器之外，还兼及其他，亦有《石鼓通考》、《录印通释》、《故宫三十年经过记》、《故宫四十年》、《晋唐以来书画家收藏家印谱》、《清院本清明上河图》、《光灿华丽的珐琅》、《中国古物通鉴》、《典守故宫国宝七十年》等书传世。

那志良先生

那志良三个字是从小听熟的，在父母关于战争时期故宫的讲述中。

那志良先生比我的父亲年长，进入故宫的年代也更早，他们虽然是故宫博物院的同事，却曾经近半个世纪不能互通音讯。1948年分别，直到1994年，父亲参加文博界代表团访问台湾，才又见到了他的"心如大哥"。"他一早到饭店，这一天我就不再参加团里的活动，两个人坐在房里畅谈，只中午到餐厅各自吃了一碗面"，回家后，父亲非常高兴地讲给我们听。

2002年，那先生的儿媳王淑芳大姐来北京，看望父亲，带来了那先生去世的消息，和《典守故宫国宝七十年》这本书。

父亲向故宫博物院和紫禁城出版社提议，出版《典守故宫国宝七十年》一书的简体字版，这个提议得到了郑欣淼院长的赞同和紫禁城出版社的支持，并

单士元先生与那志良先生在台湾见面，单先生以手比出"七"，说进宫七十年啦

责成我具体负责此书。

而我与向未谋面的那先生，因此熟悉起来。一段尘封的历史，先生在里头，我在外头。

那先生1908年生人，1998年去世，活了九十岁。一辈子工作在故宫，工龄比故宫博物院的年头还略为长一点，因为入故宫时，那先生参加的是"清室善后委员会"的点查工作。时间是1925年1月。十个月以后，故宫博物院才正式成立。

书名叫《典守故宫国宝七十年》，念起来很上口，所以没有多想，后来有人问什么叫"典守"，一时回答不出来，查词典，没有。查"典"字的本义，其中的一种是"主其事也"，应该就是这个词的用意吧。

国宝，不是一般意义上的贵重物品，不是哪一个人，哪一家族的财富，没有价格，无从补偿，不可有差错。所以不是看守，不是监守。而是平时视如身体发肤，紧急关头又要高于身家性命。

这是那志良先生为"典守"作出的注解，用他质朴无华的文字，用他七十年的工作经历。

头一天到故宫上班，"回到办公室，我觉得两个脚后跟，非常地痒。同事们告诉我，可能是要生冻疮了，他们告诉我，人身的脚后跟、耳朵、手背，三处最容易生冻疮，你今天回去，赶快用温水暖脚，明天起你改穿棉鞋、棉袜，否则你若是生了冻疮，那才痛苦呢！"

当然，不光是冻疮的问题，也有别的，"出了这次组，也有不少的收获，是懂了不少事，例如：白地蓝花的瓷器，叫'青花瓷'；青花中又加上紫红色纹饰，叫'青花加紫'。此外，还有什么'六字款'、'四字款'、'楷款'、'篆款'，名目繁多。我参加点查一次，就学了不少，长久下去，我会有顶大的学问呢！"

书中的那志良先生，那时还只是一个十七岁的大男孩，有些局促，又满怀兴奋的心情。

日本入侵了，东北沦陷，华北告急，故宫理事会决定，并报国民政府同意，开始文物南迁。1933年2月5日的夜里，"天黑了，警察局来了电话，说外面已经戒严了。于是车辆开始移运，一辆接一辆，陆续而行。我们这些押运人员，坐着警车，赶到车站去，准备装车。车行在路上，显得非常寂静，除了车辆之声外，没有任何声音，没有人说话，也没有人唱歌，有非常凄凉的感觉。……车行路线，是由北平西站出发，沿平汉线南行，到郑州后，改循陇海线东行到徐州，再沿津浦线南行到浦口。"

从这一天夜里，近两万箱，近百万件文物，开始了数万公里的南迁历程。历时十五年。

战争中的国家，流离失所，背井离乡，生与死常常是一刹那间的事情。

"正和一些和尚在院中谈天的时候，一个和尚指着天空说：敌机来了。抬头一看，一群飞机，大家说：我们赶快进防空洞。你知道我们的防空洞是怎样修建的吗？挖了一个坑，上面盖些树枝树叶。我们忙着进去，蹲在里面。就听到外面有'砰砰'之声，我们说，这是高射炮打他们呢!

"等到外面的声音比较沉寂了，我们走出防空洞一看，西面是一片火光，走出大慈寺一看，肩架抬着受伤的人，一个跟着一个地往医院里去，呻吟之声，不绝于耳，又听说春熙路一带，已经炸光了，大火仍燃烧着。"

"第二天清晨起来，我们到春熙路一看，那里本是成都最繁华的地方，那一带地方，多少房子，通通没有了。有人在灰烬中找寻他们的宝贝，有人坐在那里哭，也有人茫然立在那里，不知所措。情景之凄惨，令人不忍卒睹。"

"那一批运到长沙的八十箱文物，才危险呢!在我们走后不久，长沙的火车站被炸了，那天，旁边的旅馆中，正有人办喜事，不但新娘新郎都遇了难，所有贺客，也一同被炸死了。那里的负责人庄尚严先生可慌了，长沙被炸，岳麓山边的湖南大学也不保，我们的最重要文物藏在那里，岂不危险?他们赶快请示办法，回电叫他们赶快迁运，以贵阳为目的地。他们想尽了办法找运输工具，才找到几部车子，大半是南京逃出来的公共汽车，往西南去觅地储存了。"

文物运输的过程，困难重重，路况差，车辆失修，还有时天气恶劣，本不是上路的时间。在冬季翻越秦岭，即是突出的一例。

南迁文物的包装箱

"车开出时，已经是落雪了，雪越来越大，他们在途中一个小村庄，停下来吃午餐时，听到说前面的山，已经塌方了，普通的车辆，还可以勉强通过，运古物的车子，怎敢冒险前进?停了一天，不敢前进，雪越发的大了，有几尺的深度，车道被雪盖住，也看不出路径来了。"

派出送食品的车，冒着同样的危险，"车开出不久，就看到山上山下，一片白色，路被雪盖满了，找不出车迹，车子摇摇晃晃，盲目地走，不是碰到一块大石，就是陷入一个深坑，深恐滑入山涧里去，不但司机的两只眼，瞪得圆圆地，注视前方，吴、杨两位先生也时刻提醒司机，哪里有深坑，哪里有块大石。总算是托天之福，平安地到达目的地，司机所穿厚厚的衣服，一半已被汗水湿透了。路修好后，这批车才开抵汉中。"

翻过车，遇到过轰炸，甚至整个峨眉县城在大火中烧毁，而近百万件文物，仍然是毫发无损，冥冥中，似乎有天神在佑护一般，那先生自己也发问，都说古物有灵，炸不到，摔不碎，是真的吗？

我生也晚，在一个浮夸的年代，从认不全字的时候就会在作文里使用"惊天地，泣鬼神"这样的词汇，但只有在接触到这一段鲜为人知的历史时，才真正从内心涌出了这六个字。我爱我们的民族，爱我们的国家，因为她所经历过的苦难，因为苦难中无数像那先生这样的前辈。

就在如同天神般佑护文物的同时，那先生却不能对自己的家人尽一点为人子、为人夫的责任。"我是公务人员，家中生活全靠我每月的薪水。薪水汇不回去，起初，还没有多大影响，因为我的家庭，是克勤克俭的，存款还可以维持，日子久了，存款用完，就发生问题，我写信给院长，请他准我回北平。"

"他的回信来了，无论如何叫我不能走，说他已写信回北平，叫张处长把他家里的东西，尽量出售，卖得钱，悉数给我家中使用，叫我安心做事……"

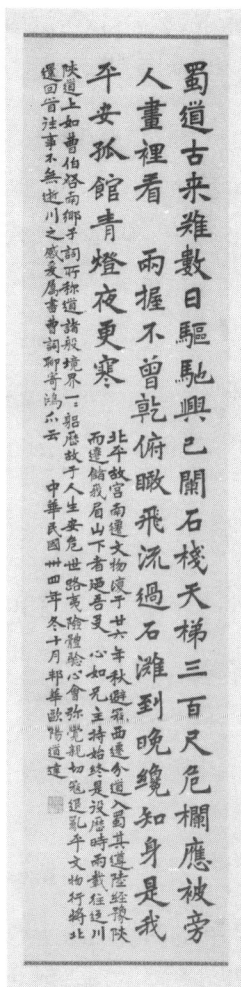

欧阳道达书曹伯启南乡子词，那先生收藏六十年后，捐赠北京故宫博物院。

　　第一次读到这里的时候，我的感觉只有惊讶。为了让下属安心做事，院长会有这样的安排？是书生气吗？有一点，但更多的是真诚。无论是待人，待物。俗话说，"将心比心"，院长已经这样安排自己的家事，还能终止典守的工作吗？除了尽心竭力之外，恐怕任何人也做不出其他选择。

　　那先生的父亲终于没有能再见到自己的儿子，在困苦中去世了。人死不能复生，失去父亲的痛苦是巨大的，无法挽回的。但我想，马院长的这一份诚挚，同那先生这一份尽责尽忠，正是八年抗战能够胜利，以及人之所以为人的地方吧。

　　"经过五丁关时，车子要在山上盘旋而进，我坐的是末一个车子，看到前面的车子在山上盘旋，好像是满山的汽车，非常壮观。走到明月峡时，一旁是高山，一旁是悬崖，古松连绵，甚是好看，押运古物，虽是苦事，也有他的乐趣。"

"我们走到剑阁的时候，万树丛中，远远望到栈道旧迹，顿时想起唐明皇避难到四川的事来，又想到前人曹伯启的《南乡子》词来了。我最爱他这首词，原文是"蜀道古来难，数日驱驰兴已阑，石栈天梯三百尺，危栏，应被旁人画里看。 两握不曾干，俯瞰飞流过石滩，到晚才知身是我，平安，孤馆清灯夜更寒。"

据那先生说，后来他终于请长于书法的欧阳道达先生写了一幅"南乡子"，挂在家里，作为对押运文物的纪念。

在四川期间，那先生始终没有中断求知和研究，说到成都时记载着，"这里的学风很盛，在书道街上，满是书铺子，我在一个旧书店，买到一部清瞿中溶著的《奕载堂古玉图录》。这是一本我早想要的书，总也找不到，在南京时，听说龙蟠里的国学图书馆有一本抄本，可是没有图，我马上去借抄，抄了不多，抗战军兴，图书馆把它装了箱，不再借阅了，我

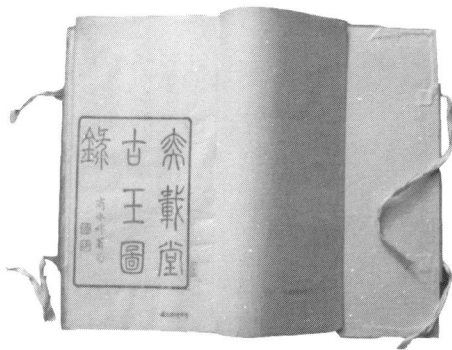

奕载堂古玉图录

只抄了半本，颇觉可惜。这次买到这本，他的序文中说，他也是在国学图书馆抄的，知道有许多人想要此书，他就出资把它印出来了。这是一件很大的喜事，这书终于买到了。"

又说，当时有一种竹的笔筒，乍看很有意思，仔细看看，发现并不是适于雕刻的竹材，因为竹子雕刻最大的忌讳在于纹理的混乱。等等。

最初，我只觉得那先生有闲情逸致，再读、三读的时候，才感觉到，爱亲人，爱山川，爱文化，才是艰苦卓绝生活中最强大最持久的力量，先贤有"爱的力量永远比恨大"的名句，或者就是这个意思？家国天下，大小虽然不同，道理是相通的。

抗战时，父亲还没有正式参加故宫工作，只是到

1943年冬季，才因临时展览被借调。但因为祖父和伯父都曾在故宫工作的关系，所以故宫的各位同事，总让父亲有种如同父兄的亲近感。南迁的过程虽未曾亲历，却是父亲特别关注和赞叹的。他为自己的同事骄傲，也特别希望有更多的人知道这些同事。所以他活着的时候，谈到南迁文物的时候，非常清晰，非常生动，以至于很多人误认为他是亲历者。出版《典守故宫国宝七十年》，是他托付给我的一件事，但这件事做成的时候，他已经看不见了。

典守国宝的经历如同一所特别的学校，造就了一代特别的人。这种特别在于，即便只是在讲述中，在阅读中接近这些典守者的过去，你会在不知不觉中发生变化，变得容易检点自己，反省自己，希望自己做得好一点，再好一点。

今夜，写下这些文字的时候，我想念着从未谋面的那志良先生，马衡先生，想念着我的父亲，这些永远充满着爱心的前辈，这些永远值得我尊敬和以为骄傲的故宫的同事们。

把他们介绍给更多的人知道和记住，是我应尽的职责。因为我也是故宫人。

故园乔木

2013年6月26日，邵八叔过世了。一百零二岁。

吃过中饭，说是累了，要到床上去躺一下，呼吸就停住了。

邵八叔名字叫邵怀民，我们两家人，虽有共同的亲戚，但更直接的是，邵八叔的父亲劭幼实先生与祖父是很好的朋友，有许多共同爱好的朋友。过去，把这一类关系叫做"世交"。二伯父写过一篇《先君交游录》，中有述及邵氏父子处，摘引如下：

邵继全先生，字幼实，福建侯官人，行十，与予家亦系世交。迨先生去世以后，予与令子怀民仍有往来。承以邵丈所题先父画卷相示，具见老辈昔日交往情景。其题记云："老屋明灯话夜寒，凭君点笔写烟峦。画中略约能知处，便作江乡一样看。乙丑冬夜过羹梅七兄寓斋。谈次幼平朱君忽触画兴，遂纵笔挥洒，孟嘉七舅为之补成此帧。余乞归留为他日话旧之资，并戏题二十八字，以志鸿爪。丙寅(1926)五月二十一日奇疆题于京师寓斋。"光阴荏苒，两代论交，屈指已一甲子矣。

邵八叔在自己家行二，平辈的朋友多称邵二。八，大约是在另外的序列中。八而叔，在我家是随了堂哥堂姐们叫起来的官称儿（官称儿——亦即大家都认同的一种称呼）。真的说年龄，邵八叔辛亥年生人，比父亲大三岁。

右起朱家济（古物馆职员）、朱翼盦、邵幼实、张允亮（故宫博物院专门委员）、郭葆昌（故宫博物院专门委员）、周叔廉。

从小在大家庭里就知道他是有才又手巧的人，长于作诗，画画，唱戏，做菜和各种手工，又因为喜欢戏，而勤于录音，拍照，后来是录像。在他家里，长沙发的三面围着的都是录音带，用北京蜂王精的红纸盒装着。

1996年是北京昆曲研习社成立四十周年，12月在湖广会馆演出作为纪念。父亲特请杨荣斌先生协助给曲社排了《天官赐福》，在过去的戏班里，这本是必备的剧目，演员多少可以视舞台大小调整，最小的台可以只上三个角色——天官、财神、禄神，在这三人之外加上牛郎、织女、南极仙翁等角色，通常的是十二个人。遇有大的舞台，可以按双数增加演员，台有多大都可以装满，是一出好听，好看，令人百看不厌的开场戏，更是年节庆贺演出中必不可少。这次演出，劭八叔演织女，父亲演天官，这两个人的年纪，一个八十五岁，一个八十二岁。

2001年，昆曲被列入人类口头和非物质文化遗产，劭八叔做"调寄喜迁莺"，父亲抄录了一幅，大概是作为北京昆曲研习社的贺礼，送到什么机构中了。

劭八叔祖籍福建，精于饮馔，原则是物尽其味。

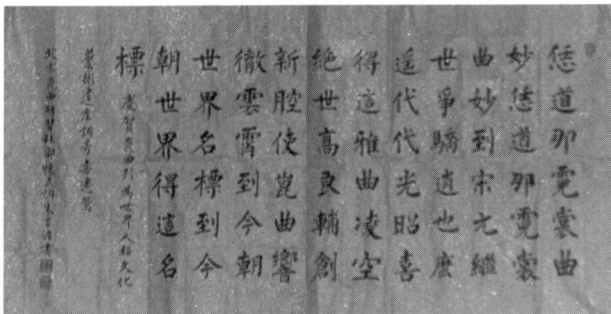

"调寄喜迁莺"，祝贺昆曲被列入人类口头和非物质文化遗产，劭怀民撰，朱家溍录

不做无缘无故的精加工，也不一定要求用高级食材。平日有好朋友聚会，总是推他主理的时候多。我家至今有一道氽丸子，是来自邵氏。那是父亲一次聚会后告诉我的，说是劭八叔法。海米，南方叫开洋的小干虾米，干香菇，发后斩碎，与肉末搅匀，入水小火煮，汤中只放紫菜。这个时期，北京的菜市场上，鲜虾和鲜香菇都开始有了，通常会认为比干的更高级。试了以后远不及干制的更有味道，反而多了腥气与泥土气。所以，邵氏之法从此成为我家的保留做法之一。

得享高年，劭八叔把每天两次上下六楼当成锻炼，以炫耀的口气告诉打听养生之道的人。

父亲生病的那个夏天，邵八叔在家里炖了汤送来，一脸欣慰地看着父亲吃，和我们说起，"你爸爸头回跟着爷爷到我们家去，这么高儿，虎头虎脑的，坐在那儿，好玩儿着哪。"

平常时候，除去曲社的活动中会有见面，父亲与邵八叔的规律是，父亲是腊月里去看一次邵八叔，正月里，不是初三，就是初五，邵八叔一定来我家。

按照老习惯，父亲母亲去世的三年里，是不能给人拜年的。

没有料到的是，父亲去世后，三伯父也相继去世，邵八叔面前无论如何也要禀告这件事。哥姐们都很发憷。最后是我告奋勇去八叔家的。腊月里的一天下午，那时的邵八叔还处在耳不聋眼不花的优游状态，闲话一阵之后，我说了，三伯父去世了。八叔背窗坐，听了这话，轻轻震了一下，停了一小会儿，缓缓地说，早晚那边儿见。声音有一点颤，眼里浅浅的泪汪了一下，并没流下来。

穿过堆满花盆的阳台，下午的光线不很分明的在八叔的肩上，头上，耳朵上点出断续的轮廓。

之后的好多次，我们也就是这样对坐着，聊天儿。讲我的祖父，他的父亲，他自己。

说我爷爷的家具，"你爷爷新买一紫檀大炕，好

祖父所购紫檀雕螭纹罗汉床，炕桌是劭幼实先生所赠

看，就是摆的炕桌差那么一点儿。我父亲有一张紫檀炕桌，拿来放上边，真是合适，天造地设的，就送了你爷爷。你爸爸照相，照了不少家里的陈设，相片上还看得见呢。这炕和炕桌其实是这么配上的，别人不知道。"

邵八叔少年时陪护得了肺结核的哥哥，常熬夜，怕困了睡着，就用毛笔写小楷。成了习惯了，到现在也是拿起笔来就写。说着话，从铜笔帽中拔出笔来，在晚报的边上随手写出小楷，端正秀美，一如既往。后来知道，他少年时候，哥哥得了肺结核，大家庭，怕传染更多人，就是兄弟两人单独住，小的照顾大的。

画画，邵八叔爱说，从小儿就跟你爸爸一块儿画画儿，你爸爸过生日，我还给他画牡丹呢。

说起爱戏，八叔忍不住笑说，从小是近视眼，就因为怕戴了眼镜之后眼神呆滞，上台不好看，就一直不戴，所以别人看不出来，眼镜有，就在桌上，难得用。看晚报都用不着。无意中得了唱戏的济了。这是一句地道的北京话，言其于某事某人受益，并且是意料之外的益处，叫做得了某某的济了。

其实，与大多数人的际遇一样，在轮番的运动中挨着，挺着，过来了。他给我看那双能写能画能绣花能持笛的双手，其实是一双指节粗大变形的手，说是上个世纪50年代，已经入冬了，还要到上了冻的地里收白菜，就那么冻成了关节炎，原来疼，现在不疼了，就是直不了。八叔的本职是管理建筑材料，除了日常工作发料之外，还要到工地给工人打下手，两手提着盛满泥浆的桶走过半人高的墙，去给砌墙的师傅送泥。没走过，真害怕。但是心一横，摔死就摔死了，省得受这罪了。也就居然走过去了。

2012年的春节，假期的最后一天，去给邵八叔拜年。

天阴着，潮乎乎的，有点南方的感觉。预告说北部山区会有降雪。听说八叔听力不成，他自己说是分辨力不成，高音没问题，低音就只闻声而不辨意了。

"高音儿都能听见，电话听得见，门禁的声音就不成，低，嘟嘟的。非得坐在堂屋里才能听见。从我这儿走的小姑娘，好几个，过生日那天都打电话来，都能听得清清楚楚的。低的声音，听得见，听不出意思。所以，我跟传栩他们说，要来，先打电话，我好坐堂屋里等着开门。"

所谓堂屋，其实是单元房的门厅。所谓的"小姑娘"就是曾经照料过他生活的小保姆。有他一家用的，有与邻居合用的；还有在邻居家做家务，而在他家住的；还有本人已经离开这个小区，还在这里寄着自己行李的。最亲的，在北京成家，出嫁是从八叔家穿戴打扮好接走的。也有缺良心的，临走把劭八叔的三万块钱取走了。八叔也不动气，给这姑娘打了个电话，说这笔钱，你拿就拿了，别乱花，干点正经事。

"你拿诗，桌子上呢。复印几份，给你哥哥姐姐。"

书里夹着一张八行的花笺纸，小楷。

赠传栩诸兄妹

数代深情萦梦寐，故家庭院忍重瞻，喜看后辈多英秀，建树多端向远天，向远天。

还缀了一个福字。

"给你们沾沾寿。到今年一月，我是实实在在一百岁了。天要好，我还能下楼溜溜，跟邻居说说话儿呢，要比那躺在床上的百岁人好。我还能唱呢。"说着就真的唱了。

我没有拍过曲，不够熟悉，直到听出"把青春抛的远"几个字才会意唱的是《游园》里的【山坡羊】：

没乱里春情难遣，蓦地里怀人幽怨。则为俺生小婵娟，拣名门一例、一例里神仙眷。甚良缘，把青春抛的远！俺的睡情谁见？则索因循腼腆。想幽梦谁边，和春光暗流转？迁延，这衷怀那处言！淹煎，泼残生，除问天！

通阳台的门常年开着，为的是让屋里的暖气出去一部分，说，这样外边那些花就足够了。一盆瑞香，

57

祖父为邵幼实先生作南山青松图

已经顶着花骨朵了。

地上立着一个镜框，是原来一直挂在墙上的画。八叔嘱咐我，咱们三辈儿的交情，这是你爷爷为我父亲过五十岁生日画的，后来我一直留着它，现在给你最合适了。

画是祖父为邵八叔的父亲五十寿作，南山青松图，纸本，浅绛设色，近景一青松，中景远景烟云山峦。题记"南山佳气日葱茏，笔底烟云敢自供，写向青门旧诗侣，愿君身是不凋松。丁卯年二月下浣写祝幼实世丈姻大人五十生日并题，翼厂朱文钧"。

算起来，那是1927年。

1999 年北京昆曲研习社演出《天官赐福》，父亲饰天官，邵八叔饰织女。

接到邵八叔去世的消息，哥哥连夜写了信回家。

信中说，"邵八叔一生好学，国学、西学、工程技术、电器修理是大家都知道的。民国三十五年（1946）我还看见邵八叔动手绣花儿，是当时一位老世交过八十岁生日，邵八叔赶绣一副猫蝶图，小猫扑蝶，栩栩如生。世交之中，邵八叔面容清秀，我童年时看他好似宋人册页中的仕女。当年我是儿童，大胆告诉他我的看法，他不但不生气，反而抿嘴一笑，说'那你叫我姆妈好了'，这称呼我不陌生，因为我出生在南方"。

很多年以前，父母都还在的时候，八叔有一首给父亲的诗，我们都非常喜欢。父母去世之后，更是常常念之诵之，"三代世交情谊深，十年动乱共亲临。故园乔木多零落，吾辈幸存当自珍"。

国之良干
—— 有关吴仲超院长的记闻

按，写吴院长是一项故宫突然交给的任务，吴院长与我，本没有工作上的交集和直接接触的机会，不过心里觉得，父亲和王伯伯若在，一定会说，你写吧，你能写。

从小就常在家里听父母亲说起"吴院长"如何如何，譬如，1958年父亲下放劳动中得了疝气，是吴院长安排在北京医院做手术，大概是术后的这一年夏天，还让父亲去过一次青岛疗养。"文革"中，又一起被集中住"学习班"（即后来通称的"牛棚"），吴院长多次叮嘱，被斗争时护住头和内脏最重要，"绝不能被挡（打）倒"。听得多了，就觉得吴院长也是个熟悉的长辈。

真见到吴院长本人，已经到了湖北咸宁的文化部"五七"干校。吴院长属于受照顾对象，在伙房的菜班种菜。菜班里都是些年纪相仿满头白发的人，如罗福颐先生、张景华先生。伙房从北京买了些蔬菜种子，都是北方的常见菜，尤其是黄瓜西红柿之类，夏天吃面条如果有了这两样，在当时在当地真算是很大的改善了。几位老先生认真耕作，蔬菜长得挺好，可是周围老乡的孩子们也一直惦记着这两样，不时袭击一下，以至于伙房里几次要吃面的计划都没成。后来是吴院长买了糖，带到菜园，有条件地发放，这个条件就是不许摘菜，当然尤其是黄瓜西红柿。做到这一点，以后还有糖吃。此后，菜园周围常有小孩子秩序井然地站成一排，看似是观耕作，其实是正等待发糖果。伙房吃面条的计划遂得以实现。

进故宫之后，常常在各种场合，听各种不同的人谈到吴院长，很多人就是平常说话带出来的。说话的人，做什么工作的都有，职务不同，文化经历也参差不齐，唯独说到吴院长时候的态度很像，语气中透出爱戴和自豪。

2012年夏天，我接到通知，参加吴院长诞辰一百一十周年的座谈会。与会者，大部分是曾经与吴院长有过共同工作经历的老同事，他们的讲述具有的震撼力，是我此前未曾料到的。

　　把自己受到的震撼记录下来，转述给更多比我年轻的同事，这是我勉力为文的动力。作为故宫历史的续写者来说，前事不忘，后事之师。

1974年 "中国明清工艺美术展览"在日本东京三越公司展览大厅正式开幕，吴仲超团长在开幕式上讲话。

战争中未雨绸缪

吴仲超，上海南汇人。1902年生人，1928年7月加入中国共产党。曾任南汇县委书记、皖南新四军战地服务团副团长、苏皖边区区委书记、中共中央华东局秘书长等，1954年至1984年任故宫博物院院长。1984年10月7日去世，享年八十三岁。

未到故宫之前的吴院长，数十年战争生活的经历中，对于战争中的文化遗存和文化人始终特别关注。部队驻扎村中，谁家曾是翰林出身，残存的旧书中尚有明版，四外有哪些古迹，残损状况如何，均十分留意，有条件时则集中保存，无条件时记录在册。日常接触到的人中，谁能书善画，谁能鉴别古物的时代，总之，一同共事的人有任何特别之处，能干与否，都成了他心中的信息积累，未来新国家的文化远景也就在其中逐渐成形。

上海博物馆陶喻之先生曾有专文，调查相当详尽。其中提到，1947年，华东局干部从山东撤到由苏联军队接管控制下的东北大连，吴仲超当时担任北撤干部管理委员会秘书长。吴仲超向组织汇报，提议在大连办一家古玩店，一来收购大量流散的文物，二来可以作为隐蔽的地下党组织活动联络地点。特别指派有丰富经验的古玩行家马泽溥做副经理，负鉴定取舍之责，而且规定只收购而不出售。1949年，三大战役之后，建国之前，华东局北撤大连干部重返山东时，"吴仲超特地指示马泽溥照旧在大连收购文物。马泽溥受此重托，便仍留守大连从事文物征集工作，直至1951年才结束营业。在开办短短的两年多时间里，博古堂共为国家收购了二百多箱各类文物……其中一部分藏品后来转交山东省博物馆保管，另一部分则拨交北京故宫博物院收藏。"此前集存于江苏淮安的文物也经马泽溥取回，共四十九箱两千八百五十三件。成为上海市古代文物管理委员会成立之初接收的第一批大宗文物。此后，马泽溥在上海市文管会专门负责陶瓷鉴定工作，并协助海关查验出口文物。他从一名有正义感的古玩商发展为对文物博物馆事业、特别是新中国上海文物博物馆事业作出贡献的功臣。

1949年春，随着辽沈战役后大连的彻底解放和平津、淮海两大战役的节节胜利，原北上大连的中共华东局同志因解放战争的革命形势发展需要，纷纷南下投入到迎接新中国解放的新的斗争中去，吴仲超等一批北撤大连干部因此从辽东半岛的旅顺渡海(渤海)重新回到胶东半岛的山东开展革命工作。吴仲超担任山东古代文物管理委员会主任委员一职期间，山东文物的征集、保管工作井井有条，成绩斐然。同年年初，山东古代文物管理委员会在济南大明湖畔的省立图书馆举办古代文物展览会，展出古代书画三百二十多幅、善本古籍三十种、秦汉青铜器三十余件、宋元明清历代陶瓷器二百五十余件、古玉器一百余件、历代钱币三百余枚、甲骨数匣。（陶喻之：《吴仲超与文物保护：战争年代办文物展览》，2011年9月26日《文汇报》）

人才从哪里来

"1952年一场三反运动，许多人被迫离开故宫，受到批判，这对于故宫队伍是一次严重的伤害。而且，马衡院长于1952年离任后，在两年多时间里故宫博物院都没有院长。"（郑欣淼：《吴仲超院长的开拓性贡献》，《紫禁城》2012年第8期）

曾经担任故宫博物院副院长的魏文藻同志回忆，他自己复员来到故宫的时候，正是1954年，此时，"从事业务与管理的干部不足四百人，其中有三百多人是从部队转业复员的官兵。对于复转军人中年轻而文化基础差的人，吴老采取了积极培养的办法，文化水平低，就从提高文化入手，为此成立了教育科，办夜校，组织职工上夜校，读中学，读高中，有的甚至最后读到大学。想方设法把这批年轻人的文化基础提高，然后再把他们分配到相关的工作岗位上进行锻炼。除此之外，1954年、1956年先后从通州中学、密云中学，还有昌平中学，北京市里的一些中学挑选了一批学生，让他们各自跟随有经验的专家学习。1962年开始，陆续从北京大学、山东大学和武汉大学，还有中央美术学院招进一批大学本科生或者是研究生，这样一大批知识青年进入到故宫以后，在各个专业岗位上，经受了实践的锻炼，都成长为各个门类的专家了。"（在故宫博物院吴仲超诞辰一百一十周年纪念座谈会上的发言，2012年5月31日）魏院长自己，就是在进入故宫博物院之后，在吴院长的培养计划之下，完成了成人教育的全过程。

这是人才的第一种来源，即通过成人教育，把原本不适合的人培养成为适合的人。积极主动地改变原有职工的文化结构，这是吴院长了不起的地方，无论对博物馆事业还是对职工本人的生活轨迹都起到了深远的影响。

第二种来源，用当时的话就是留用人员，即1949

年以前入职故宫的老职员。大部分曾经是"三反运动"的对象，如王世襄先生、我父亲朱家溍先生都是此列。

我父亲1946年入职，"三反运动"中，与故宫所有能够接触文物的职工一起都被集中至公安学校交待"问题"，父亲因为曾有过一段主持古物馆工作的经历，加上抗战时期在重庆曾加入过国民党，在运动中被列为重点对象，集中审查之后，又关进看守所一年十个月，1954年释放回家后，曾有两次劳动局的就业通知，因工作不对路没有去。1956年接到故宫人事处通知后，仍回陈列部工作。

使用这类人才，在上个世纪大部分时间里都不是一件容易事，甚至都不能算是正常事。"文化大革命"中，父亲看到批判吴院长的大字报才知道，自己能够回院正常工作的背后，有着吴院长怎样的魄力与担当。

第三个来源，来自吴院长自己的工作经历与社会关系，如同当年对马泽博委以重任一样。20世纪50年代初，故宫只在保管部下有一个文物修整组，大致有钟表、木器、照相、漆器、裱画几个专项，裱画只是北派的京裱，没有南裱。铜器修复、摹画的人都没有。

吴院长到任后，在网罗修复人才上用了很大心思，对于有特殊技术的人，只要是故宫发展需要的，本人愿意，工作上的必要的条件不必说，工资待遇也会让本人满意。其余如家属的住房，子女的安排等问题，都会得到全力解决，以免去后顾之忧。1954年张耀选、江绍大、杨文彬、孙承枝、孙孝江五位南裱名家从上海、苏州、杭州等地来院工作。1957年故宫与上海书画装裱合作社经过长时间的磋商，最终调入郑竹友、金仲鱼等一批专门临摹复制书画的人才。金仲鱼是画画，郑竹友是写字。后来又吸收了原在荣宝斋的冯忠莲、陈林斋。在招募了众多名家之后，1960年，在原文物修整组的基础上，故宫博物院修复厂正式成立。厂长徐志超是吴院长在华东局的老部下，副厂长蔡瑞芬本人也是以家属身份，跟随原在华东局的丈夫窦茂斋一起进入故宫的。

人多了，工种也比较全了，有硬木桌椅、小器作、镶嵌、象牙雕刻、古铜、新铜、雕漆、彩漆、糊匣、钟表、裱画、摹画、书法篆刻和照相等十四个行当，同时在青年中选择聪明又能坐得住的人，跟随大师学艺。修复人才的聚集和手艺的传授，让文物延年

1975年7月，故宫文物修复厂徐芳洲退休（左起）
后排（6人）：赵雄图（副厂长、复制品外销）、柴启斌（北裱）、王进修（铜器）、陈林斋（摹画）、＊＊＊（调去历博）、郭德龄（漆器）
中排（9人）：秦世明（钟表）、＊＊＊、田涛（照相）、陈浩然、马玉良（钟表）、＊＊＊、张文庆（镶嵌）、周文元（木器）、蔡瑞芬（副厂长）
前排（7人）：孙觉（副院长）、单煜（党办）、吴仲超（院长）、徐芳洲（钟表）、萧正文（副院长）、徐志超（厂长）、＊＊＊

益寿的同时，还培养了修复文物的传人。

2008年，故宫博物院古书画临摹与装裱修复技艺申报成为国家级非物质文化遗产。

2012年，故宫博物院古书画研究中心以"妙笔神工"为题，举办古书画临摹复制与装裱修复展览，展示了故宫文物修复的历史与成果，金仲鱼摹制的宋代郭熙《窠石平远图》、冯忠莲摹制的宋代张择端《清明上河图》、陈林斋摹制的五代胡瓌《卓歇图》，孙承枝主持修复的唐代韩滉《五牛图》、杨文彬主持修复的宋代米芾《苕溪诗卷》等，集中展示了大师的杰作。徐邦达先生曾在《古书画过眼要录》中记录《苕溪诗卷》当年补装修复之事："此卷近年从长春伪满宫流出，为人裂坏，全缺了'念养心功不厌'六字，半缺'载酒'二字，少缺'岂、觉、冥'三字，即本录加□者，李东阳篆书大字引首和卷末项元汴题记，也多失去了。1963年故宫博物院收得，由杨文彬补纸重装，再由郑竹友根据未损前照片，将米帖缺字句勾摹补全。"

徐建华主持修复的明代林良《雄鸡图》、装裱修复工作室集体完成的倦勤斋通景画，则是手艺传承枝繁叶茂的物证。

妙笔神工的背后，可以追溯到吴院长半个世纪之前对人才的聚集之功。主观上修复厂直接服务于故宫博物院的文物保护与展览陈列，客观上保护了这批非物质文化遗产的传承人，让手艺的种子在故宫落地生根，开花结果。

创建文物出版社印刷厂

成立于1957年的文物出版社印刷厂，以铜版与珂罗版印刷的精美享誉将近半个世纪。尤其以1957年出版的《宋人画册》，1962年出版的《故宫博物院藏瓷》，1965年出版的《故宫博物院藏花鸟画选》最为知名，成为印刷史上的高峰。时至今日，在旧书业和艺术品市场，这几种书始终被有心人关注，不时出现拍卖的消息。

但印刷厂的来历，以及与故宫博物院的密切关系已少有人了解。

说文物印刷厂，不能不说到吴院长，还不能不说到郑振铎先生。

郑振铎先生1949年担任文物局局长之后，亟待北京能有一家够好的印刷厂，能把几大博物馆，尤其是故宫的藏品传播给广大受众。基于他自己在上海出版图籍的经验，动念由上海选一到两家制版厂迁京。1952年开始委托上海出版公司刘哲民先生具体征询各厂家意向。得到的反馈是，铜版制版当中，以鹿文波的开文制版所称最。"鹿原籍河北，回北京是他的夙愿。珂罗版印刷在上海硕果仅存两家，一是戴圣保的申记印刷所，一是胡颂高的安定印刷所。"（刘哲

民:《回忆西谛先生》,《郑振铎书简》,学林出版
社,1984年)

其时吴院长尚未到任,郑振铎先生直接敦促故宫积极准备厂房和员工住宅,同时请制版所方面"所有应该预备的制版材料,必须早日向国外订购。最好能在上海先买一年或二年所需要的东西。这一点,请鹿文波先生代为物色,并请即将向国外订货的材料,开列清单,应立刻寄来为荷"。并邀请鹿文波来京面谈迁京细节。之后,又派文物局张鸿杰、谢辰生二人赴上海,"和鹿文波君谈购买开文彩印制版器材事;谈来京事;现在印刷处及住宅均已修好,即可来京工作"。

谢辰生先生回忆,1954年跟吴院长去上海,院长面谈,自己负责跑腿办手续审批,开文制版所是私营企业,迁京后即被纳入国家正常的体制中。原有设备作价,工作人员工资定级等项事务,前后用了一个多月时间,才完全落实。

印刷厂迁京后的第一任负责人马良杰回忆:"接收印刷厂的工作需要有一个懂印刷技术的人,由于吴院长曾在华东局担任过副秘书长,是我的老上级,在工作中经常接触,比较熟悉,同时正赶上撤销华东

局，华东局的人员都在重新安排工作，因此吴院长就推荐我和北京来的谢辰生同志会面，一道去接收。后来，又随着印刷厂到了北京。从此我也落户故宫，开始了近二十年故宫工作的经历。从上海收购接收过来的印刷厂是属于文化部文物局的，暂时由故宫代为管理。当时印刷厂没有明确的名字，大伙就叫它故宫印刷厂。于是，吴院长就叫我去负责印刷厂的工作，一干就是两年。"

印刷厂迁京后，引起最多关注最多争议的是原业主鹿文波的月薪六百元这件事。在1954年，首先是全民都处在低工资低消费的生活状态，其次任何工资级别系列中没有这个等级。用一句老故宫人的话形容，国务院总理的工资才四百块钱。

针对这些议论，吴院长的解释是，第一，这不是我一个人定的，是经过文化部报请国务院特别批准的。第二，虽然工资系列中没有这一级，但是值得。鹿先生是做什么的？铜版的第一把手。他在上海给造币厂做铜版，全中国绝对是一流的。凭这个，就值得。做博物馆这行，文物要有人管，有人研究，然后给观众看，为人民服务，印刷复制都是必不可少的，没有鹿先生这样的人才怎么行？

从可以见到的出版物看，古代绘画的复制是印刷厂迁京后技术上的大方向，1955年开始出售的宋人画册单页，没有正式的版权页，仅有"宋人画册，故宫博物院"的简单信息，应该是复制古代绘画作品的试验阶段。1957年精装本的《宋人画册》面世。主其事的郑振铎先生在《宋人画册》序中说："选画之功，以张珩、徐邦达二君为主；印刷之功，则始终由鹿文波君主持。这部《宋人画册》得以成功，是和他们几位以及许多从事于此的工作人员们的努力分不开的，例应书之。"（《宋人画册》，中国古典艺术出版社，1957年）

版权页已经是非常正式——

编者：郑振铎、张珩、徐邦达

收藏者：故宫博物院

出版者：中国古典艺术出版社

北京东总部胡同十号

责任编辑——卢光照　美术设计——高颖如

印刷者：故宫博物院

发行者：新华书店、国际书店

一九五七年九月第一版第一次印刷

精装一册　定价一百元正

印数：1——1880

中国古典艺术出版社是人民美术出版社曾经在数十年间作为副牌使用的社名。

印刷厂的制版印刷都在故宫博物院内，西北角楼下，旧时紫禁城的城隍庙，今天的故宫博物院研究室所在即是。院中的梨树、黑枣、杏树即是鹿文波先生当年手植。鹿先生掰腕子有名，在院子里没输过谁。而且不是同龄人，是晚辈。内中原因，正是一生在铜版上运刀养成的功夫，稳而持久的控制力。

使用彩色铜版复制古代书画，分色制版后，可以参照原画直接分色，这是印刷厂设在故宫得天独厚的条件。鹿文波先生不但指导所有照相、修版人员，而且他自己又是实际操作者。凡是分段接版多的大的画，都由他亲自修版。三位主编随时到车间，看分色效果，比对原画，提出意见。制出的版，画面轮廓清楚，色调稳重，层次丰富，无人能及。

印刷所迁京从构想到正式运转的过程，渗透着两位高层领导者的智慧和心血。事前，他们待人诚恳、尊重、体贴，处理问题细致入微，让当事人舒心，也愿意尽心工作。事后，有担待，不怕费口舌，擅长用家常话讲明大道理，让局外人、旁观者从不理解到佩服，从共同经历中增长见识，最后成为同道中人。

有知己感的院长

父亲去世前一年，协助他整理《画传》，在"正式到故宫工作"一章中，第四小节是"和吴仲超院长共事的日子"，说的是"事"。

1954年"三反运动"的隔离结束，1956年父亲接到故宫人事处通知重新回到故宫，与吴院长第一次见面，长谈了一小时，使父亲觉得有知己之感。

当时故宫有新成立的绘画馆，新改陈的陶瓷馆，还有个临时的"敦煌艺术展览"，相当丰富。吴院长发愁的是，大面积宫殿的室内状况。中路三大殿空空落落，历史上究竟应当是什么样子？内廷部分乾清宫正殿内在"三反"前已经把南迁北返原有陈设品按原来遗留下来的位置陈设起来，这一处算是没有问题。坤宁宫怎么办？尤其西六宫，现在展示给观众的，是既没有历史意义也没有艺术价值的面貌。还有最重要的，观众参观故宫常常问皇帝住在哪里，故宫的工作人员必然答复是住在养心殿，但养心殿不开放。当然养心殿的现状如果不全面研究整理是无法开放的，"我想养心殿和西六宫的室内陈设能不能展示乾隆时代的面貌，这个任务交给你。"这是吴院长交给父亲的第一项任务，于是父亲做了各宫殿的陈设计划。

根据《故宫退食录》中所收相关文字记述回溯，可以知道"各宫殿的陈设计划"大致包括太和殿、坤宁宫、养心殿、储秀宫几处至今仍然在服务观众的陈列，另有重华宫乾隆时期原状、咸福宫嘉庆道光时期原状两处，策划和展品目录均已完备，因"文化大革命"开始未能面世。

吴院长交代工作的时候，初衷是"能不能展示乾隆时代的面貌"，以储秀宫为例，东西六宫的建筑规格原本每宫有宫门，前殿正殿内部都是上有彩画天花板，银朱油木板墙，中设宝座，是为升座受礼的地方，不是作寝宫使用，寝宫在后殿。然而储秀宫、长春宫，当时早已拆掉了储秀门、长春门，各改建为今日所见的体元殿、体和殿，前正殿改为寝宫形式，门窗和室内装修都改为寝宫式。这种大规模的改造从"奏销档"中得知是光绪九年为慈禧太后五旬万寿进行的。当时正是慈禧太后以储秀宫、长春宫为寝宫的时期，因此，两宫复原的历史面貌的上限只能是光绪九年。虽然乾隆年间孝贤纯皇后居住储秀宫时期的陈设档尚有保存，但建筑格局已完全变了，无法恢复乾隆年间的原状。

按照光绪年间的陈设档进行布置，完全符合建筑格局条件，且甲午战败后中国彻底陷入了半殖民地状态，是近代史中的一个关键点，适合作为展览的主题背景。按照档案调查库房中的实物，很幸运，所有原来的陈设品、生活用品都有。然后在原存文物的基础上去掉临时性和一般性的，突出既能体现制度，又能体现此处居住者身份、地位、性格特点的生活用品和陈设品。

经吴院长同意，储秀宫、长春宫按照光绪年间陈设档进行布置。翊坤宫、体元殿、太极殿，因上限相同，也一致进行。应该说，经历了这样的共事，吴院长对人的信任与对事实的尊重深入地影响了我父亲，也影响了许许多多的故宫同仁，继续以求实、务实的作风工作和研究。

完整故宫的保存与保护

在纪念吴院长的座谈会上，杨伯达和谢辰生两位先生都说到1958年全民大跃进中故宫的"下放"和"革命性改造报告"两件事，他们的看法是"实际上吴院长是在想尽一切办法来保存这座完整的皇宫建

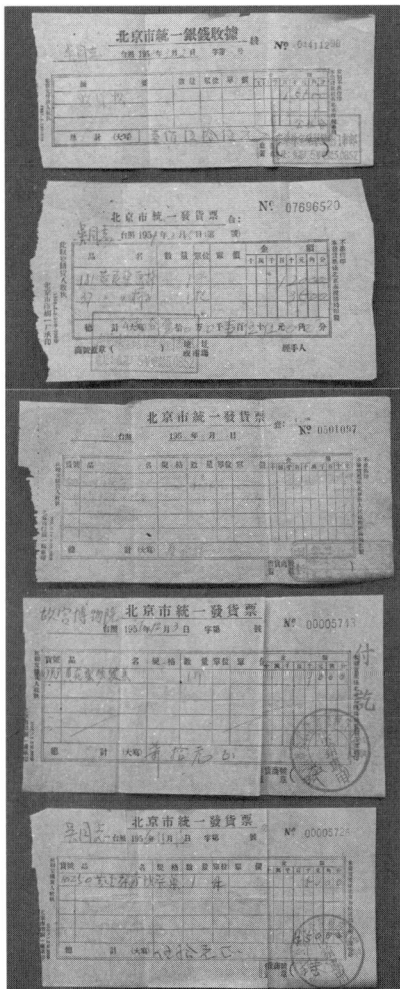

座谈会上，曾经长期担任吴仲超院长秘书的陈浩然先生带来了五张发票。陈先生回忆说，吴院长一直有购买小件古物的习惯，到院工作后几乎全部捐赠了，这在今天的景仁榜上可以看见。只留了几件日常使用的桌椅，去世前，郑重的把五张发票交代给自己。其中除一张字迹模糊外，其余都非常清楚的记载着所购物品名称材质，时间，卖家的字号。

筑"。（在故宫博物院吴仲超诞辰一百一十周年纪念座谈会上的发言，2012年5月31日）"完整故宫"是故宫博物院的前提和基础，"皮之不存，毛将焉附"。座谈会上大多数人对这个年代是有亲身经历的，后生如我，意会可以，记述就觉得困难，要先做一些概念上的注解。

下放，一是人的下放，上百万干部到农村工厂，参加体力劳动。故宫下放人员分成东北通化与江苏扬州地区两部分，时间是1958年年初至1959年年初，一整年时间。离开博物院的正常工作，户口随之迁出，与当地农民同吃同住同劳动。

另外是行政管理上的下放，故宫的隶属由中央文化部下放到北京市文化局。

全民大跃进，意味着人人唯恐落后。在当年，一个城市的悠久历史和大量古代建筑，既不是好事，更不是优势。各个城市的城墙大多是这一时期被当做封建落后的标志拆除的。在这样一种大的政治环境中，北京因为有故宫，即便一时不被指为落后，肯定在不合时宜之列，故宫既是封建落后的代表，还妨碍市政交通，被大跃进的形势推向任何方向都是可能的。

1958年9月，北京市委草拟《北京市总体规划说明

(草稿)》方案，提出要"以共产主义的思想与风格"，对北京旧城进行"根本性的改造"，包括故宫要着手改建，城墙一律拆掉等等。

1958年10月，故宫提交所谓的"革命性改造报告"，全称是《关于故宫博物院进行革命性改造问题的请示报告》。中心意思是，要"坚决克服地广人稀封建落后的现状，根本改变故宫博物院的面貌"。报告提出，多开一些东西交通便门，增辟休息地点；对故宫的宫殿建筑拟保留重要的主要建筑，而将70%以上的面积园林化等等。听上去，"革命性改造"较之"根本性改造"更彻底，更有大跃进的味道。

1958年12月，故宫向北京市文化局提交了《清除糟粕建筑物计划和59年第一批应拆除建筑物的报告》，其中说明对院内各处残破坍塌及妨碍交通道路、下水道之小房及门座等建筑，需即行拆除。于1959年拆除了如绛雪轩罩棚、养性斋罩棚等。

1959年6月，中宣部针对"革命性改造报告"召开专门会议讨论。部长陆定一指示："我们对故宫应采取谨慎的方针，原状不应该轻易动，改了的还应恢复一部分。""关于房子改造问题，小房、小墙可以拆一些，但要谨慎。马路可以宽一些，这是为了消防的需要，不是为了机动车进去。故宫就是要封建落后，古色古香。搞绿化是需要的，如果辟为公园不好管理，绿化一下即可。故宫前半部，可以不交园林局，绿化由故宫统一搞。搞故宫的目的就是为了保留一个落后的地方，对观众进行教育，这就是古为今用，这点不适用于其他各方面的工作。故宫的方针，第一条是保持宫廷史迹，使人能详细地、具体地了解宫廷生活；第二条才是古代文化艺术的陈列。"（谢荫明、瞿宛林：《谁保护了故宫》，《党的文献》2006年第5期）副部长周扬更进一步："关于故宫博物院的性质，我认为宫廷史迹陈列仍是主要内容之一，因此，有些陈列品应该保留的，还是要保留；有些陈设必须保持原状的，还是要保持原状，不要随便拆除。好让人民看看过去皇帝是怎样生活的。"

1959年10月，故宫向北京市文化局提交了一个新的报告，中心意思是，"紫禁城范围内的建筑必须加以保护，保持古建筑的原有面貌。修缮以复原为原则，保持原有风格"。 与一年前报告的中心可谓南辕北辙。

在报告与批复波澜起伏的同一时期，故宫做了哪些事情呢？

在老故宫人的讲述中听说过，50年代曾经在东西华门两侧沿道路向北安装了路灯，闭馆时间一直到晚上八点钟。在文华殿、武英殿周边树下还有不少石凳，直到90年代之后才陆续收入铭刻库房。这才听保管的人说，都是清代晚期的石碑，当初把有字的一面翻过去就是石凳了。现在猜想，就是为园林化做出的努力吧。

自1951年开始的古建保养修缮工程一直在进行，从最初的清运渣土、修建库房，到主体建筑油饰彩画、挑顶落架、安装避雷针等等，呈现出逐渐增强的趋势。1958年开始，用一年时间对中轴线上的主要宫殿区地面翻修复原，总面积六万八千多平方米，御花园整体修缮也在这时开始，1959年完成。下放的干部1959年年初回到故宫，于本年内完成重要展览十三个，原状陈列有三大殿、交泰殿、坤宁宫三组。

故宫博物院的定位曾经让很多人不解，集历代艺术、古建、宫廷三大体系于一体的综合型古代艺术博物馆，为什么不能直接说是明清两代的遗址？或许，其中有些曲折是很难说清楚的。

1959年推出的历代艺术馆从展览计划、选择展品到陈列施工，编写说明，到与观众见面，成为相当一段时间内博物馆行业中的榜样。而涉及明清历史深入研究的业务，则始终淡化在舆论之外，做精做细，持续推进，从而避免被政治环境影响。三大体系的顺序应该也是隐含着这样经营的苦心在内。

作为故宫博物院的最高管理者，吴院长一面尽力符合大跃进的环境，譬如安放石凳、安装路灯，延长开放时间；另一面始终坚持既有的目标，力争日常业务免受或少受大跃进的影响。难怪杨伯达先生再三说，吴院长是以他的智慧保存了故宫的完整性。

平常与不平常

听父亲讲过一件事。20世纪50年代重视政治学习，下班之后，先是一个所有人都参加的学习，然后是党员及要求进步的积极分子参加的学习，最后常常还会有只有党员参加的学习。七八点钟回家成为常事，不能回家吃晚饭也是常态。或是在食堂吃一顿晚饭，家近的就让孩子送来。当时的修复厂有几位新党员，都是有家传绝活的老手艺人，对于不能按时下班很难适应，其中有个修钟表的徐方洲与我父亲很熟悉，私下和我父亲念叨，整天干的费眼睛的活儿，下了班还不能散逛散逛，这乏歇不过来，第二天一天没精神。父亲就和吴院长说了自己的意见，发展这样的老师傅加入共产党，目的就是发挥他们的积极性，促进工作，如果因为开会学习，反倒影响了工作，不是事与愿违吗？吴院长说，你提醒得对。当时拿起电话，交代给修复厂支部，这几位老师傅从今天起不用参加班后例行的政治学习，保证他们休息好。

还有一次，院中有一次大规模地清理杂树，父亲发现雨花阁所在的院子里有一棵自生的杏树被清理，这棵树虽然不是原来正式种的，但是姿态古雅可爱，与近处的梵宗楼、雨花阁，甚至远处的景山万春亭融为一体，自成一景。就特意找吴院长，建议清理杂树最好有个区别对待。吴院长听后说，这件事我没有调查研究，主观主义了，以后要慎重。

1957年，父亲回院工作第二年，反右以鸣放开始，组织各种会议，号召"给党提意见"，提倡着重讲与党的隔阂。父亲的感觉很单纯，具体到自己，党的代表就是吴院长，从一见面谈话的知己感，到后来相处时候推门就进，无话不谈，没有隔阂。所以，没有被启发出任何"右派言论"，也就没有当成右派。

王世襄先生晚年在《锦灰不成堆》（三联书店，2007年）中记录了"三反"出狱之后的经历：

回家后因身体不适，经检查才知道传染上肺结核。同时我收到国家文物局公文，通知已被开除故宫博物院公职，命我去劳动局登记，自谋出路。……在家养病一年，肺结核得到控制。这时民族音乐研究所从津迁京，所长杨荫浏、李元庆知我与古琴家管平湖先生有交往，找我介绍，不久音研所聘他为研究员。后又邀我去所工作，职称是副研究员。

吴仲超同志任故宫博物院院长，他想把我调回故宫，通过文化部领导与音研所洽商，但杨李两所长不同意。征求我的意见，我不表态，故未调成。吴院长约我面谈，提出如不能调回故宫上班，不妨每周来一两次协助工作，并送来聘书三份，在御花园西南角的房屋中设办公桌及午休床榻。半年里我参加过几次会议和鉴定，但不久我在音研所被划为右派，此后没有再去故宫。1962年摘掉右派帽子，我到中国文物研究所（时称文物博物馆研究所）工作。1966年吴仲超院长又一次发聘书给我，任非文物审查委员。我相信吴院长知道我是清白无辜并有工作能力的，否则不可能57年、66年两次发给我聘书。

另有一件事，未见诸文字，是王世襄先生本人跟我讲的。在三年困难时期，日常生活的供应普遍发生问题，主食副食都极为匮乏。国家对于知识分子有个照顾，一定级别之上的干部，每月可以有一定量的副食指标，以糖和豆类制品为主，享受者被戏称为"糖豆干部"。王世襄为文物博物馆研究所后调入人员，所内已无"糖豆"指标。吴院长了解此事后，特地从故宫博物院调剂了一个名额，专门给王先生。

已经退休的赵劲松说起当年入职故宫的仪式，总忍不住有一点激动。1974年复员转业，这一年总共有三百名职工进院，是国务院特别批准的名额。"大公共汽车拉到神武门外，进来后，在神武门广场里面列队，吴院长一个一个跟新来的员工握手，然后就在神武门广场开欢迎大会，吴院长宣读完国务院特别批准的文件后，还把盖着红印的文件翻过来，面向大家，昭示天下，那个时候，就是这样……来故宫工作，是一种荣幸，有荣幸，必然要有责任。""让我参加纪念吴院长的座谈会，我也跟一块进院的人聊了聊，好多人提出来神武门广场吴院长跟大伙握手这个事儿，都说特别难忘。到现在我人都退休了，可是，记忆犹新。"

在入职仪式中与新员工握手，给外聘专家发聘书，安排午休房间，这些事对于吴院长来说，是个人习惯，是平常工作。可是，能让赵劲松感觉到荣幸和责任，能让徐方洲心情舒畅，再者，能让王世襄先生说出"我相信吴院长知道我是清白无辜并有工作能力的，否则不可能57年、66年两次发给我聘书"，能让我父亲在去而复还之后感觉到院长是知己，又见出其中的不平常，更显露出吴院长的个性、品质和良心。

吴院长在院长任上三十年，去世至今也已经超过三十年，为什么那么多人都记着他，愿意说起他？也许是我们自古以来"慎终追远"的习惯使然，也许是因为故宫博物院走过了九十年历史这样一个时间，使人愿意寻找到可以效法也理当效法的榜样。

我父亲在世时，遇有求字的人，尤其是公务人员，常写张迁碑的隶书："国之良干，垂爱在民，蔽沛棠树，温温恭人，乾道不缪，唯淑是亲，既多受祉，永享南山，干禄无疆，子子孙孙。"更多时候就是四个字："国之良干"。一来是祖父旧藏有张迁碑的"东里润色"不损本，他临习久，更重要的是对人的社会责任有期许。

取这四字为题，我想父亲一定是赞同的。

冯华先生

按：知道冯华先生的人很少，父亲生前屡屡念及。入此集是为不了解冯华先生的人，也为父亲。

说起来，本不是研习书画的人。惟因故宫出版社（当时还叫做紫禁城出版社）出版过冯华先生编的《秘殿珠林石渠宝笈索引》，我是这本书的责任编辑。时间是1994年，可以称作故事了。

32开的小书，定价18.8元，印数一千本。此书在出版社与实体书店绝迹多年，网上的旧书店间或可以见到，标价已经在100元至150元之间。平常也经常遇见从事古代书画研究的人向我打听，索引还能买得着吗？

书的序是我父亲写的，不足一千字，几乎就是目前可以见到的关于作者冯华先生极为有限的文字介绍了：

《秘殿珠林石渠宝笈索引》

　　冯华先生字大光，今年已经八十八岁了。他1930年进入故宫博物院古物馆，即参加编辑《故宫周刊》、《故宫月刊》和《故宫书画集》四十四册，后来又增加《故宫日历》每年出版一本，每页有一张古画，是完全由他主编的，共出版了五本。另有当时印行的介绍法书名画的单行本的说明文字，也俱出自冯华之手。在业余时间他还先后担任了《国民日报》副刊和《古剧周刊》的主编，又为美国收藏家福开森编写收藏书画目录和提要。中华人民共和国建立之后，故宫博物院改组，冯先生在保管部绘画库负责书画编目的工作，1960年，为支援新疆维吾尔自治区博物馆调至乌鲁木齐。

冯先生在古物馆工作的初期（1930年至1932年），正值故宫博物院专门委员会每周审查书画，他作为职员中的青年人，负责为专门委员收展卷册，摘挂立轴，得以眼看历代实物，耳听专家谈论，加上那时钟粹宫的书画陈列室经常更换陈列，这些都为冯华先生提供了最难得也最受益的学习和实践机会。因此，在1947年时，《秘殿珠林石渠宝笈索引》就已经完成，曾屡次向出版界联系，都未被接受。四十年后的今天，紫禁城出版社毅然印行这本书，不仅为书画研究者提供了一种必备的工具书，也为编著此书的冯华先生做了一件值得高兴的事。

当《秘殿珠林石渠宝笈索引》行将付印之际，紫禁城出版社约我为这本书写个前言，引起了我谈一谈旧事的念头。这本书编于四十年前，书稿还是冯先生当年的同事张玉栋女士替他誊清的。楷法精妙，令人实不忍在稿上更改涂抹。出版社特为复印一份，作为责任编辑的工作稿本，张玉栋女士的精写本仍可还给冯先生做个永远的纪念吧。

又一件需要提起的旧事，是从前故宫的出版物仅署"故宫博物院编"，而没有具体编辑该书的编辑姓名。《故宫周刊》《故宫月刊》《故宫书画集》等书，尽管至今仍为人所称道，但读者都不知编者为谁。今天能借此机会使读者知冯先生所做事业之一二，也是我非常高兴做的一件事。

冯华先生对古代书画的熟悉程度真可称为是一部活的书画目录，退休后他又陆续编辑了《历代著录画目补编》《影印历代画索引》等书稿。虽尚未出版，但都是从事书画研究者所需要的。其用心之苦，功力之深，使人折服。

希望这本书的出版对冯先生和书画领域的读者来说，都是一个好的开始。

1990年10月朱家溍识

冯先生1930年进入故宫，是父亲的兄长辈同事。除去正常的工作关系之外，"三反运动"中他们还曾一起被"集中"在东岳庙内的鲁班殿。父亲回忆这段经历说，"在殿内住的是一个组，有汤有恩、冯华和我，他们两位当时都在古物馆已经干了很多年。在运动中凡重点被批斗的人，被称为'老虎'。在已经被

92

解放的人员队伍中，由工作组选拔若干积极分子来帮助'老虎'，称'打虎将'，又称'武松'。我和冯汤两位都在老虎之列"，关押期间，要求所有的人都要交代自己从故宫偷了什么，没有可交代的就被称为"拒不交代"，意思就是与党对立。父亲认为，没干过的事没办法承认，再说，光承认偷，交不出文物也是枉然。所以，一直属于态度不好的。冯华先生因为曾经给美国收藏家福开森编过收藏目录，问到文物的下落，可以说是让福开森带到美国去了，所以动员会后交上一份挺有模样的材料，是一些明清小名头画家的作品。谁知没通过，再写，只好又加上些大家的名字。组织上却说，看你，像挤牙膏一样费劲，是不是不明白党的政策呀。所谓党的政策当然就是"坦白从宽，抗拒从严"八个字。所以冯先生又加上宋元的，还不满意，索性晋唐宋元明清全上，不仅故宫藏的，凡是知道的，听说过的都写上。俨然一部中国美术史。目录之后，甚至还定出退赔计划。

2009年出版的《金石梦故宫情——我心中的爷爷马衡》作者马思猛针对"三反"中冯华所受到的不断追问是这样解释的——

……工作队从冯华入手，追查福开森收藏目录的真正目的，是指向爷爷——马衡。冯华先生，1930年入故宫博物院古物馆，在爷爷应允福开森所藏文物于抗战期间暂存故宫保管后，由冯先生代为编写收藏目录和提要备案。1950年初，爷爷遵福开森遗愿将全部（五箱）藏品由其女福梅龄移出故宫，捐赠南京金陵大学（细情前文已述）。这件调查本不属故宫之藏品下落的怪事，其意有二，一是追查这五箱文物的下落，爷爷只做说明即可，也很好调查，专案人员辛苦一趟南京即可核实；二若是查出借机挟带故宫文物流出，岂不是马衡罪证一桩吗？但是爷爷做事一向谨慎，当时由金陵大学派员与福梅龄及爷爷、冯华先生等三方共同完成交接，亦不难核实。

曾有细心的读者发问，序是1990年写的，书是1994年出的，五百页的一本书，用了四年时间来编辑？

冯华先生原稿上所标注的页码完全来自故宫旧藏《石渠宝笈》与《秘殿珠林》的数种手抄底本，不适于故宫以外读者查阅，所以在编辑过程中唯有改用已经正式刊行的，公共图书馆可以借阅的图书版本，

《秘殿珠林》初编，上海有正书局石印本；《石渠宝笈》初编，上海涵芬楼石印本；《秘殿珠林》《石渠宝笈》续编，开平谭氏影印本；《秘殿珠林》《石渠宝笈》三编，台湾四库全书影印本。

这个过程很长，每条索引都要按照记载回到新的版本，册数、页数随着大量改动。校订结束之后，不得不把原稿完全誊录，才能正式排版。当时电子印刷尚未普及，出版社有一台类似大型打字机一样的设备，用来做当时称之为"照相排版"的零星工作，具体的录入是我的同事刘岐荣，索引要使用繁体字，出版社决定让刘岐荣与我合作，她录入我校对，正规的三个校次结束之后，才发到印刷厂印刷。

序言写作时间是1990年，版权页的出版时间是1994年，就是这个道理。

书成之后，给冯华先生送书与稿费，冯先生住在故宫的小石桥宿舍，虽然患有眼疾，但身体状态很好，满头白发十分浓密。

时隔二十几年，今天所有述及《秘殿珠林》《石渠宝笈》的历史材料中，都已经把《故宫已佚书画目录四种》（1934年），《故宫已佚书画闻见录》（王以坤编，1953年），《秘殿珠林石渠宝笈索引》（冯华编，1994年），视为《石渠宝笈》和《秘殿珠林》的后续产品。

美国汉学家福开森利用庚子赔款的文化基金资助，聘请多位中国专家共同编纂了多种中国古代艺术品收藏与鉴赏专著。《历代著录画目》一书是其中之一，冯华先生本人除去故宫博物院的书画整理保管介绍等工作，还曾经为福开森个人收藏编写过目录，所以不仅熟悉书画历史，也熟悉书画著录的历史，并因此了解书画从业者及博物馆工作者材料检索的繁难，这应该是他自己动手编辑《秘殿珠林石渠宝笈索引》以及相关工具书的初衷，也是最终目的。

用几十年去编辑整理卷帙浩繁的大型书，做出的工具书仅有一个编字，说明其中时间的积累与精力的投入，目的旨在解除他人使用中的不便，用老话说叫嘉惠士林，用今天的话是服务精神。

做编辑，长时间不能发稿，不能成书，是最着急的事。也因此，在这个独特的编辑过程中，父亲再三嘱咐我，别烦，借这机会了解了解清代有名的画家，也学学著录中对画面的描述，先说什么，后说什么，怎么说，形成一种格式，读起来眉目清楚。中国的文言到了清代，最接近口语，明白易懂，但又保持了用词用字的雅驯，绝对不是口语，是今天的人最容易学的。做文字工作的人，首先要让自己的文字不丑，再说别的。

　　幸运的是那时没有量的考核，也不存在作者本人晋升与成书的时间限制等因素，因此才成就了这样一本真有用的工具书。也让一个初入编辑行业的人看到了应该效法的为人做事的榜样，并一生受益。

父亲的诗

父亲的诗作不多，也很少主动与人谈诗。

但是，父亲特别愿意谈他的诗词老师顾随先生。不是赞叹老师关于诗、词、曲的成就，而是喜欢回忆自己在老师面前所受的教诲，包括被老师批评的事。

"我在顾老师班上够不上好学生，有寄给家长的分数单为证，我在顾老师这门课所得的分数总是B-，所以只算一个中等的学生。"

第一次的填词作业送给老师看，有这样的句子："御沟西，宫墙柳，寒枝瘦，曾记娇黄染袖……"，还有一个小令【荷叶杯】："隔院遥闻笙管，魂断，低唱袅晴丝……"。老师说："你用的词藻都是古人用过的，这是对的，你正在学填词，就是要多记古人的词藻，当你用在描写某一种心情，某一样景物的时候，自然能够和恰当地知道该用什么样的词藻。以你填的词来说，'寒枝瘦'来形容柳树是不恰当的。'隔院遥闻笙管'既是'隔院'又是'遥闻'当然是相当远了，怎么又是'低唱'呢？"

第一次诗的作业，题目是"岁暮述怀"七言律诗一首，八句诗经老师涂改了六句，只剩下第三四两句是："映日窗冰千岭雪，西风卷地一阶尘。"老师说："这两句还不错，是北京腊月的景象，很少见有人这样写，但这首诗的问题在于有景无情，既然题是'岁暮述怀'不管是真是假，就是假怀也要述两句。"

顾随先生认为："学生学作诗填词，先不要听信有些高论，说作诗填词首先要有新的立意，要创新。这话本来是对的，但不是学生阶段的事，你们现在学作诗填词，首先是读书，一定要知道有应该背诵的书，如《诗经》、《楚辞》、《玉台新咏》，至于《全唐诗》要全部通读，当然不能全部背诵，但有一部分也必须背诵，可以从《全唐诗录》中选择背诵，唐诗中要有千首以上能背。宋元明清的诗也要浏览。学填词，如果说只要求学会，那很简单，你把清人万树编的《词律》二十卷通读一遍就可以算已经学会了，但尽管你知道了某一个调子怎样填法，可是你肚子里空空如也，拿什么填，所以说也必须能背诵若干首古人的词，才有资本填词。现在也有很多人反对背诵，说什么'死记硬背'没有用。我认为背书根本不存在什么死和硬的问题，譬如你喜欢的作品多念些遍很自然地就能背诵。我从来没有死和硬的感觉。个人词集传世很多，时间不够用，也可以不读，只读词选也够了。后蜀赵崇祚编的《花间集》十卷是最早一部综合诸家的词选。唐末名家有些词仅留存在这一部选集里。宋人编的词选当中我认为最好的要算周密编的《绝妙好词》七卷，选有宋人词一百多家，选择很严谨，有些宋人词集早已失传，其姓名作品也仅仅存留在这部选集中。清人查为仁和厉鹗为这部选集所作笺注更便于初学。明人陈耀文编的《花草粹编》二十二卷选有唐宋元人的词，内容相当丰富。这部选集有很大的优点就是：每一调有原题的必录原题，有本事的也说明本事。遇有稍冷僻的必说明采自某书。以上三部词选应该是必读的，选择其中有自己喜欢的多念几遍自然可以背出来。近人编的选集由胡适之编的《词选》也很好，平装一册，随手翻一翻很方便。此外应该说：清人朱彝尊编的《词综》三十四卷，这部选集收入唐宋金元词五百余家，选择精严。在各专集和诸选本之外凡笔记杂谈中有应录入的词也不排除，所以有不少词是其他选本未见之作。还有些词在其他选本中把词名、句逗、姓氏，诗里弄错的他都加以订正，所以这部选集应该通读一遍。还有康熙年间沈辰垣等人奉敕搜罗旧集，录词自唐至明一千五百四十调，九千余首，定名为《历代诗余》包括词人姓氏十卷，词话十卷共一百二十卷，可谓前所未有集其大成的词选，这部书应该一目十行的粗读一遍以广眼界，这部书和《词综》都属于备查的书。学作诗填词照着我所推荐的书，分别有背诵、通读、浏览，不同的对待，这样读书之后，肚里装进若干名篇秀句，到时候不论作诗填词，自然思涌珠泉情抽蕙圃。"

顾老师关于学诗的这一番话，给予父亲的影响是极为深刻的，也是父亲一生遵循的。凡因工作出外时，箱子里总要装两本书，其中一本必然是诗集。顾老师的教诲培养了父亲与诗为伴，以诗为眼，以诗为供养，去观照世界这样的内心，并受益终身。

至于自己的诗词写作，父亲一直觉得自己不是有诗才的人，作起诗来费时费力。用他自己的话说是"玩之余则以学文"，爱的东西太多，写诗不过是做到了"句子略像古人而已"。

父亲日常虽然也会参加诗词的酬唱，但都不是文思敏捷的一方。

构思的时候，手边有什么，就是什么。烟盒、信封的背面都是常用的，写完了，用毛笔过到正式的纸上，册页上，也就结束了。所以，父亲也没有什么诗稿留下，赶上了，在抽屉里翻出一个旧信封，也许就有两首诗的底稿。怎么看，也有点像小孩对作业的态度。暑假过后，谁把作业留个底稿保存起来呢。

不过，从我眼见当中，父亲的诗没有难懂的字词，也用典，但消化得法，从不为用典而用，不卖弄。知典的人自然会心，不知典的人也可会意。

他一生中作诗最勤的时间是干校后期，1972年至1975年之间，曾有数年在丹江分校生活的经历，虽然还有挑粪、喂猪之类的劳动，但时间大为减少，与咸宁干校相比，已有天壤之别。政治气氛有所淡化，心境也自然优游起来，与亲友的通信中竟常常有诗。有一首是说过年的。写给王伯伯，王世襄的。

普天瑞雪均沾后，正是山家爆竹时。

寂寞一窗红日暖，萧疏双鬓点银丝。

今年仍旧铇瓜系，若问归期未有期。

不饮也应看酒笑，持将腊肉助新诗。

"今年仍旧匏瓜系"，是答复王伯伯信中所问"回北京有信儿没有"。当时流行一句话"挂起来"，譬如，"文革"后遗留的所谓干部解放与否，干校是否彻底解散等等，许多问题不解决，不做正面回答解释，一言以蔽之曰"挂起来"。这个时候王伯伯还在咸宁，父亲已在均县，就是今天的丹江市那个地方。较之咸宁似乎"化外"一点，也清闲许多，所以来信打听有无小道消息。新年期间，均县下了大雪。家里腌了腊肉，灌了香肠。鸡鱼猪肉都很丰富。放爆竹，这样过年，作为经历了三年困难时期和"文革"长大的我，差不多是从未经历过的。

　　按顾随先生的说法，这首诗中的"寂寞一窗红日暖，萧疏双鬓点银丝"，已经是"述怀"了。五十几岁，在博物馆行业中，正是会工作，也能够工作的好年华，却闲置在此。这就是人生之怀。另一首，是说春天来了。

　　晴日催花次第开，香尘染笔寄书来。
　　黄沙卷絮挥春去，倦鸟思林萦梦回。
　　闻道蓿园来远客，开颜持酒比雄才。
　　莫谈好汉当年勇，笑拈素綦却玉杯。

由"闻道蒨园来远客"一句看,是写给我舅舅赵元方的。因为在一张舅舅小时的老照片上看见过摄于蒨园的题记,所以做这样的揣测。

湖北春季多雨,一旦雨停,春花就会四处开放。北地春天黄沙大风,柳絮漫天是少不了的。舅舅的信里一定说有什么多年不见的老朋友来北京了,聚谈中说起"季黄当年"怎样酒量也好饭量也好的旧事。

末一句"笑拈素鬃却玉杯",我觉得这句的意思是说,季黄也不是当年的季黄了,也老了,早不是当年的酒量,不用玉杯,拿根儿猪鬃得了。"鬃"出自一个笑话,在相声里也有稍微不同的讲法。说两个山西人喝酒闲话,街坊隔着窗户,听见里边"你一盅,我一盅"的喝了一宿,以为酒量十分了得。其实只有一碗酒,一人一根猪鬃,山西人的口音,就成了你一盅(鬃),我一盅(鬃)"蘸一蘸,咂一咂,喝到次日清早差不多还是一碗——又带进去不少口水。可是,笑话也能当典吗?我不知道,就觉得理解起来很顺。

这个听上去纯粹玩笑的话,放在"倦鸟思林萦梦回"之后,就不太可笑了。与前一首"寂寞一窗""萧疏双鬃"都说的是荒废的年华。

湖北一省的文物部门看中了干校的闲置人员,组织了不少鉴定文物和业务培训之类的活动，唐兰、罗福颐、徐邦达和父亲都在此列。父亲又单独带领一个学习班，对武当山地面文物进行考古实习。学习班就设在武当山紫霄宫。每日与云山为伴，他写了好多诗。

父亲书赠何孟澍先生诗的拓片

父亲在《中国文博名家画传·朱家溍》中有一段谈及此事——

武当山的自然景致已经美不胜收，自不待言，建筑物则把武当山装点得更美。明代称武当山为太岳，言其可居五岳之上。记得我给内兄赵元方写信，告诉他，我在武当山的感受。他的回信是一首诗，其中两句"太岳胡为尔，三峰未许同"，他并未登过武当山，竟主观地加以否定，使我不能容忍。我步他的原韵回答一首诗："道远清秋暮，推窗望碧空。长松迎落照，桂露染琳宫。太岳当无愧，幽奇自不同。年年霜降后，栋叶满山红。"

父亲笑道，平日有唱和，都不如你舅舅快，只有这回，以武当山为题，写的诗又快，又多。让他招架不住。

是武当山太美了。

回到北京后，父亲曾烦长于治印的人刻过两方闲章，"我是玄天执戟士""谪居犹住紫霄宫"，用以纪念这一段与"太岳"的相逢相知。

遗爱长留天地间

按: 2003年10月，故宫博物院召开关于父亲的座谈会，我代表家人发言，这是发言稿。也是父亲去后，我写的第一篇文字。

父亲去世了，终年九十岁。服务故宫近六十年的生活经历常常是人们所关注的，就在两个月前，接受采访时又一次谈到了"和故宫的渊源"这样一个似乎永远也说不厌烦的话题。父亲详细地告诉年轻的采访者初入故宫的所见所思，"当时，我刚十二岁，小孩子不懂什么，但也知道这里原是皇宫，过去百姓是不能进来的，今天不但能进来而且每个院落都走遍了，实在是件了不起的事！"。"几年之后，我又来过故宫一次，是张作霖在北京任大元帅的年月里。我记得还买到了故宫编印的《掌故丛编》，当时我已经是中学生，能够阅读这样的期刊了。其中'圣祖谕旨'那一栏目，第一次使我知道皇帝的谕旨中也有生动的家常白话，内容都是康熙亲征噶尔丹时期从漠北寄回北京的谕旨。"

朕将近到可鲁伦河，一路都是当日喀尔喀所居之地。水草亦好。至今犹有冰雪，寒冷非常，不生青草。地势山川与内地大不相同。出喀伦三十里，道旁山顶之上有永乐北征御制铭云，翰海为镡，天山为锷，一扫胡尘，永清沙漠。维永乐八年岁次庚寅四月丁酉朔十六日壬子大明皇帝征讨胡寇将六军过此擒胡山灵济泉。字画真楷，石白如玉，乃山上生成之石，非人力所立也。朕过此四月十四日特谕。

父亲自己解释说，中学生的文化程度当然谈不上研究历史，但对历史上我国曾经立碑的地区已经不再属于我国版图这一点，是很敏感的。中华一统，这是多么令人向往的国家情景！这一段掌故中的掌故，我们虽多次听父亲谈起，但是在他生命接近尾声的时刻又一次听来，不禁使人心生万千感慨。无数次听父亲背诵过"翰海为镡，天山为锷，一扫胡尘，永清沙漠"这四句铭文，不仅感觉到一个少年所受到的震撼，同时也体会到影响了父亲一生的历史观正是由此而生的。"胡尘"所指，不是具体的哪一族，而是分裂中华民族大家庭的少数势力。中华民族是一个历史悠久的有众多民族组成的大家庭，永乐康熙两个皇帝之所以不仅在史籍上也在口口相传的历史上得到了多而广泛的推崇，在于他们有着超越时空的共识，在于他们能够正确地选择中华民族的大方向的缘故。

中华民族的向心力、凝聚力，仿佛种子，在人心中生根，发芽，成长。完全不受种族、出身、时代的限制，回望父亲从事历史与博物馆工作的六十年经历，可以看到正是此时的这一点敏感，这一点感慨，随着年龄增长逐渐形成了一种论人论事从大节出发的

这张照片是父亲非常喜欢的，没有用摄影者通常喜爱的侧光，是老年的面貌，却没有"沟壑纵横"的皱纹

历史观，这种历史观引领着父亲，不以物喜，不以己悲，去芜存精，去伪存真。在各种档案资料中，在故宫博物院独特又繁杂的历史遗存中保持着清楚、恰当的衡量标准和史学从业者应有的高度与疏离感。20世纪50年代，西藏地方发生叛乱，帝国主义纷纷以支持西藏独立的名目，企图实施分裂中国的计划。这时，父亲利用故宫博物院所藏尚未发表的若干文物，撰写了《故宫所藏明清两代有关西藏的文物》一文，说明了明清两代北京中央政府和西藏地方的统一关系。文中列举的明永乐八年九月十六日敕谕，是北京中央政府给西藏地方的一道命令。明代制度，全国各地设有"指挥司"和"卫所"，乌斯藏地方（即西藏）当然也不例外，设有乌斯藏都指挥司。洪武十八年命班竹儿为都指挥。永乐元年在必里和上邛，设二卫所，这是管理军政的机构。又有喇嘛八人，被封为"大宝法王""大乘法王""大慈法王"等，管理宗教事务，从"所在土官军民人等……敢有不遵朕命者必罚无赦"字样，足以说明一切行政宗教事务等都需听从北京中央政府的命令。还有明宣德赏赐给达赖喇嘛的铜铃杵，又于乾隆四十五年由班禅额尔德尼作为向乾隆皇帝祝寿的礼物进贡给清朝皇帝。还有用满汉蒙藏四种文字合刊的白伞盖经注，更是统一的多民族国家独有的特色。凡此种种，无不证明着西藏自古就是中国领土不可分割的一部分，西藏地方尽管在语言、信仰上有自己的特点，但一直就是在北京中央政府统一政权下的一个地方。此文在当时的《文物参考资料》（即今天的《文物》月刊）刊出后，成为以后西藏问题研究的重要资料。用文物为维护国家领土主权完整出具历史证据，这是第一次。

这种历史观也体现在他生活的其他领域。

父亲一生最大的爱好是演出，1997年北京昆曲研习社庆祝成立四十周年，父亲排练了昆曲《赐福》，《赐福》又叫《天官赐福》，过去是戏班中必备的剧目，在最小的舞台上三个角色——天官、财神、禄神就可以。通常是十二个人，在这三个人之外加上牛郎、织女、南极仙翁等角色。遇有特别大的舞台按双数增加演员，是一出好听好看，百看不厌的开场戏。年节庆贺演出中更是必不可少。1949年以后，在反对封建迷信的前提下，就理所当然成为必被打倒的剧目之一了。

1996年12月，北京昆曲研习社庆祝四十周年演出时，此剧在南北舞台绝演已经有五十多年了。第二年，正逢中国政府收回香港，所以父亲特意在天官的台词里加了"愿中华一统，四海升平"这一句。这是他在这一年吃年夜饭的时候告诉我们兄妹的。

在《中国文博名家画传·朱家溍》的一书的最后，父亲满怀留恋地回顾了自己的演出生涯，"距离十三岁登台演《乾坤圈》中的哪吒，我的舞台实践也已经有七十三年的历史了。《赐福》中有一句台词'金榜题名日，双亲未老时'，说的是光阴不待人的意思。今年，2003年，我八十九岁的时候，在写作我的这一部《画传》的时候，也仍然把《赐福》的演出记录作为全书的结尾，对家，国，天下，以及众生，表示一个最好的祝愿。"我们体会在这个祝福中，最主要的仍然是"中华一统，四海升平"那样一个令人向往的国家情景。

吴小如先生挽联，"天不慭遗哲人竟萎百身莫赎，公能弘道来者谁继遗爱常馨"，父亲去世，留下了空白。但他萦绕胸怀的大爱仍在人间。这是一个既让人悲痛，也让人安慰的事实。

我们怀念父亲，我们祝福祖国。

父亲的声音

按：2014年河北保定总督署博物馆办了一个小型的展览，纪念父亲诞辰百周年，参加展览开幕，获得了一张合影，就是当年筹备总督署博物馆时候照的。

在我们家乡，祭奠先人不光在清明，还在冬至。冬至了，春还会远吗。在古代这是整个国家的很大的节，和元旦一样重要的。所以要去和先人们说一声，一岁将尽了。

忽然想说这个，是因为特别想跟我爹说话。在《中华读书报》上读到焦波的文章，说爹娘去后，只觉得自己什么全都没了，真没有意思。所以写了篇"没啥也不能没有牵挂"的文字，原意大约是劝慰有父母，感觉家累的人应该意识到自己原是在福中。

因为给我爹拍过一组照片，也因为后来的《俺爹俺娘》，一直在心里觉得焦波是熟悉的人。看到焦波的名字就会想起给我爹拍照的事情。也是个冬天，拍照的时候，焦波因为紧张，也是因为尊敬我爹，说话声音特别低，我爹又想配合他赶快拍完，听不清楚，就大声说他，"你有什么要求，你说，大声说"。焦波越发嗫嚅，出了一头的汗。我和他解释，说你尽管提要求，没有关系的，我爹不是不高兴你，他的嗓门实在是大，你别计较。焦波说，没关系，我就觉得和自己爹喊我一样的，挺亲的。

那一组照片拍得很好，我爹自己也很喜欢，尤其是一张背影的，自然，均衡，又充满动感。

后来，有保定的人来北京，拿来一份根据录音整理的纸本文件和复制的录音带。是1996年保定总督署博物馆请我爹审查复原总督衙门的陈列，现场双方问答的录音。

没有听录音，倒不是像焦波那样怕听，而是不用听。只要是他本人说的话，甚至是他写的文字，一读自然就是他自己的响亮清楚的原声，连句子搭配都是和说话一样的。

"钦差大臣来保定，要单选一个地方，或是庙，或是官厅，要摆一个案子，后面是屏风，总督要带着首府首县跪接。钦差走进来，不能打招呼，在当中一站，总督口称文华殿大学士、总督直隶等处地方……臣李鸿章恭请圣安。他答：'皇上安。'……"

这样的场面中，这样的问答方式我也知道，也是听他讲的，不是举这个例子，举的是家事，在口述历史中流传下来的家事。

五世祖朱凤标，道光十二年一甲二名进士，授翰林院编修。一生中多次担任乡试会试的主考官，这一工作在排场上与钦差相类，都是代表皇帝亲临某地或某项工作的现场，不论本人官阶多大，在最正式的迎接仪式中，所有的官员都要跪迎，如同皇帝到场一般。因此在家乡关于朱凤标的议论中，总是用浓重的乡音强调"易斯塔兹塔博(他是太子太保啊)"，用来说明比谁谁的官更大一些。爹悄悄告诉我，起因就在于朱凤标多次放考官，每到一地，当地所有官员哗啦跪倒一大片，全都口称"臣等恭请皇上圣安"，他老人家只是道一句"皇上安"。不明就里的百姓远远望去，自然就以为他的官比那所有跪着的都大。其实，他第一次放主考，距离考中进士才只五年，太子少保是将近二十年后的事，太子太保更是死后的追赠。

读到父亲工作中的说话，曾经骤然间哭了，眼

朱凤标像

位于浙江萧山所前镇山里沈村的朱凤标墓，墓前原有圣旨碑及石像生，"文化大革命"中被损。后由浙江省博物馆和萧山文管会共同复原。圣旨碑是父亲写的。

父亲在复原的圣旨碑前与浙江省博物馆曹锦炎合影

泪流过，不哀痛，不忧伤，也不自怜。就像广东的夏天，哗的一声下了一阵雨，淋在身上暖暖的，哗的一声云就散了。太阳仍然照着，只是空气干净了。

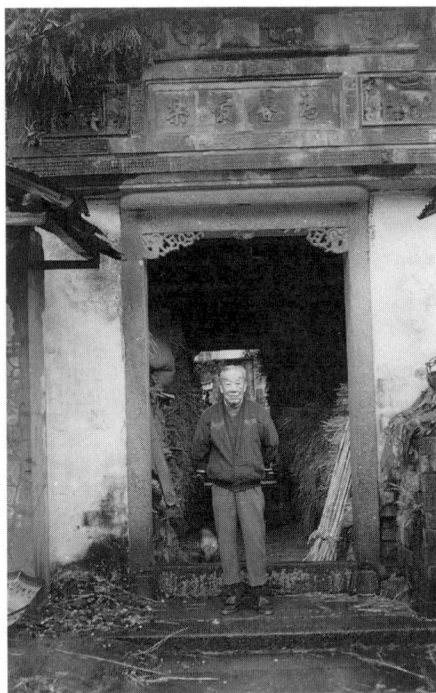

父亲在萧山朱家坛朱凤标旧居前。门楣上有"为善最乐"四字。

辑 二

我的父母，父母各自的家庭，都有看戏的习惯，与戏有关的各种典故闲话就多。父亲对于戏的态度，像对待任何学问一样，认真，求实。因戏与人结缘多，因人与戏结缘的经历也很多，我知道的是少数。

岁月驱驰

我的父亲一生爱戏，因戏而与人结缘，因人又结下戏缘的事情很多。

宋丹菊是其中比较特别的一例。她与父亲之间，由戏相识相交而无话不谈，因多次合作演出，而成为通家之好。说来竟有三十多年了。

《寄子》还家

1980年北京昆曲研习社恢复活动后的第一次演出中，父亲演了《麒麟阁》中"激秦""三挡"两出，饰演秦琼。秦琼这一角色唱念之外，身段、武打频繁。一时引起业内外的瞩目。

当时的宋丹菊是北京京剧院的演员，本行是武旦、刀马旦，兼演花旦。基于充实表演基础的考虑，参加了北京昆曲研习社，正在多方学习昆曲，自这次演出后与父亲认识，就常来家里。研究戏的表演，谈看戏的心得。

说起我父亲，用宋丹菊自己的话来说，"从孙毓堃那儿论，朱老是我姥爷一辈儿的（父亲与宋丹菊的外祖父孙毓堃同是杨小楼弟子，时相过从），从婆家论，朱老和我公公（即朱文相的父亲朱海北）也是多年的交情，都是爱戏懂戏的人。从这儿论又成了父亲这一辈儿的。有事没事的，过些日子就想着去，就跟回自个儿家似的。"这是真的，有时候是专门来，有时候就是路过，看看到了中午，手里托着或包子或褡裢火烧，脚底下跑着圆场就来了，和我父母一起吃午饭，一边说说话儿。

按年龄，我应该叫她一声丹菊姐，但事实上，我家兄妹四人一致都称呼她"宋大哥"，个中缘由，即因戏生。

1983年江苏昆剧团来京演出，其中有《浣纱记》传奇中的一出《寄子》。故事是伍员因为吴王夫差信伯嚭、纳西施、放勾践回国，眼见吴国有覆灭的危险，伍员准备死谏，预先把儿子寄在齐国鲍牧家中。这是一出表现父子生离死别的戏，非常动人。因绝迹舞台超过半个世纪，在北京与观众初见面引起很大震动。演出休息时，看见也来看戏的宋丹菊，她兴奋地跟父亲说，"我真爱这出戏，吴美玉（江苏昆剧团的演员）正要跟我学《扈家庄》呢，我跟她学这出《寄子》，我们俩交换。等我学会了，请您带着我唱一回。"第二年（1984）5月27日，《寄子》正式在中和戏院演出。虽然是业余研习者的演出，上座很好，观众中内行人相当多，昆曲界诸位前辈俞振飞、侯玉山、马祥麟都在其中，宋德珠先生也在台下看了女儿的演出。

接下来的几个月里连续演出了三次。作为京剧演员，《寄子》是宋丹菊参评梅花奖演出的昆曲剧目。

《寄子》剧照，父亲饰伍子胥，宋丹菊饰伍子

这一年多时间演出多，排练自然也频繁，院子里，屋里，反复的谈，也就反复的练。伍子的哭叫"啊呀爹爹呀"，父亲的呼唤"我儿苏醒"，都让全家人听得不能再熟了。宋丹菊说自己是"寄"出去的子，现在回家了。母亲叫她"姑奶奶"（这是北京人对已经出嫁姑娘的称呼），我们很自然的就叫起了"宋大哥"，一直到今天。

张允和先生在自己的《昆曲日记》中这样介绍《寄子》的首场演出，"压轴戏为朱家溍、宋丹菊的《寄子》，朱为故宫博物院研究员，此老的伍子胥唱来极为苍劲，而宋丹菊虽然在京戏上工刀马旦，近来颇用功于昆曲。宋为四小名旦宋德珠之女。身段矫健玲珑，唱来昆味十足。""父子分别时演来声泪俱下。"

这是因戏与人结缘。

人情

父亲有一出心爱的戏——《青石山》，这是一出神话戏，前半出是讽刺喜剧，妙趣横生，后半出从排场到身段到开打都很有特色，是造型优美的武戏。原是昆曲，由京班演出后原来的精彩华美丝毫没有减弱，反而更诙谐、更有趣味，武打场面也更加灿烂。按父亲的话说是，武生演员没有不爱这出戏的。杨小楼先生一生演此剧次数非常多，一派天神气概，称得起气象万千。

上世纪50年代，故宫工会的同乐会为抗美援朝筹款组织义演，父亲演出一次。1957年，李万春先生在中和戏院演过一次，之后直到1985年父亲与宋丹菊合作，在京昆协会的演出中重上舞台，中间已经隔了二十八年。

《青石山》后半场收妖，是花样繁多的开打，各种节奏，各种组合，令人有目不暇接之感，武生（关平）武旦（九尾玄狐）的对刀尤其是精华所在，在家练这一套对刀时，反反复复多少遍，丹菊负责口令，嘴里念着"您瞒我，我瞒您，刺肚儿，腰封……"，一旁看上去，无非就是一套拿刀的操，一二三，二二三，三二三，练习的就是熟练与配合。

真在舞台上看演出时，却感到了完全不同的内容。也由此实实在在感觉到戏曲中亮相在剧中的作用，正如同电影中的特写一样，那些堪称经典的亮相，高低错落各不相同，贯穿其中的，是九尾玄狐对关平的眼神，由乍一交手的注目，好像女孩子心里

"呀"的一声，惊讶于对方的威武俊逸集于一身，发展到后来，著名的高矮相中更显出九尾玄狐不忍下狠手，却示弱于对方的心态变化，接下来的对打似乎就有些迟疑。我甚至觉得天神一方正是借着九尾玄狐心中的这一点恍惚，才得到取胜的机会。否则，还不知胜负如何呢。我把这个感觉告诉父亲，父亲说，你能看出这个来就对了。

《青石山》剧照，父亲饰关平，宋丹菊饰九尾玄狐

在舞台上演戏，就是讲故事，即使故事是狐狸的，也还是在讲人，人都有心，心里的变化捉摸到了，人才是活的，戏才好看。无论文戏武戏，唱念做打，都不能忽略这一点。

父亲选择宋丹菊合作的原因，除去她的本行基础深厚之外，之前合作《寄子》时，她在人物内心上优长的感悟力与出色的表现力，应该是重要的因素。也是让她从一般武旦演员中脱颖而出，成为一个流派的传承者所必需的。

这是因人而与戏结缘。

岁月驱驰

距离1984年北京昆曲研习社卜演《寄子》已经过去了三十多年。现在如果想了解《寄子》，上网搜索可以看到很多版本的视频。

当年在舞台上看《寄子》，觉得好看，但以为这动人与好听好看都是很平常的一件事，三十年后比较了几个版本之后，却觉出还是有些不平常处。单说一支"胜如花"的歌与舞，把生离死别的内心伤痛表现得如此深而优美，是远远超过其他组合的版本。

至于究竟如何不平常，不是表演中人，难以说清。直到找出父亲写的《提倡文武昆乱不挡——看宋丹菊演昆曲有感》细读，才算有所领悟。父亲对宋丹菊的评点是，"演的很有火候，唱念咬字清楚，发音高低自如，音色美，能找着落劲。""身段有起有收，清楚稳健。""戏曲里表演少年形态的程式，都带些儿童稚气，但不同于娃娃生，须具备秀气而又不同于小生。这出戏的伍子属于这个类型。但《寄子》是一出悲剧，丹菊充分掌握了这个类型的身段，又突出了悲剧的表演，所以是十分难能可贵。她和我相对的身段以及交流的地方，都使我感到舒适恰当、入戏。"

用自己的表演激发对手入戏，又从对手的入戏中得到回应，情景交融，所有的唱、念、做、打，才能够活化成人物和人物的悲欢离合，才能让观众为之动情。

为了写出上面的文字，回过头去揣想往日光景，三十年来的岁月，倏忽闪回，历历在目。《寄子》开场第一句是"岁月驱驰"，说的就是这般感触吧。

《霸王别姬》的见与闻

说见与闻，是因为虽然看过很多次剧场里的正式演出，但涉及《霸王别姬》的由来及细节处，多数是从父亲的讲述和文字中来，父亲过世之后，又听他曾经的合作者陆续说起过。

我的"开蒙戏"

生平第一次看戏，四岁。开蒙看的《霸王别姬》。父亲演霸王，梅葆玖演虞姬，在政协礼堂。天花上布满了灯，演出开始时，从四周向中心的一颗大红星渐次减弱，如此奇妙，从没有见过，不知那天怎么带了一把玩具的手镜，拿在手上低着头也能看见头顶华丽灿烂的灯，略微偏一点，又可以观察前后左右的观众。全部注意力几乎都在手中的镜像，戏当然不懂，但知道虞姬很美，她哭了。霸王的黑花脸让我有点害怕，不觉得那是父亲，何况喝酒的时候把手里的杯子都扔了，好像是生气了。所以谢幕时，母亲抱着我想放我到台上，我缩着脚，不肯。

这一晚的情景一直在心里。

虞姬是什么样的

父亲讲这个最多。最初是有电影请他做历史顾问的时候，给导演讲，给剧组讲，到后来，还给博物馆的同人讲。

乍看，觉得这是个不用说的问题，一是因为这是戏剧舞台上常见的戏，二是上世纪50年代有梅兰芳的舞台艺术片，90年代又有张丰毅张国荣出演的故事片，这两次大规模的推广普及，可以说就是不看戏的人也知道有这么一出戏，霸王和虞姬的样子几乎可以说深入人心。以至于在后来的清宫戏中特别爱用《霸王别姬》来做戏中戏，衬托人物的悲剧命运。这一做法的影响更是深远，简直干扰了历史的本来面目。

《故宫退食录》中有一篇文章叫《关于清代宫史研究及原状陈列的几个问题》，是父亲在沈阳故宫博物院参加宫廷历史讨论会的发言，会议期间曾有一项是参观沈阳故宫的展览陈列，其中有一段文字说到了

《霸王别姬》，就是针对这一干扰有感而发的。"戏台上做的一出《霸王别姬》蜡像，《霸王别姬》剧目的名称当时没有，这是西皮二黄戏，现在叫京戏。清朝光绪十一年以后宫中演西皮二黄戏非常繁荣，昆腔、弋腔所占比重很小；光绪十一年以前昆腔、弋腔还是主流。清帝东巡最后一次是道光九年，当时还没有这出戏。《霸王别姬》是民国十几年杨小楼、梅兰芳排演的，虞姬头上戴小如意。这时戏台上要出现虞姬和霸王也可以，宫里原有这戏叫《千金记》，是昆腔、弋腔，有'起霸''鸿门''虞探''别姬''跌霸'，不能叫《霸王别姬》，穿戴打扮升平署档案有穿戴提纲，什么人穿什么衣服，记载很详细，《千金记》中虞姬不是戴小如意，是戴凤冠、穿宫衣的。"

所谓"戴凤冠、穿宫衣"，就是《贵妃醉酒》中杨玉环的模样，与大家习见的可说大相径庭。真历史不该被引向歧途，乃至湮没。

记得父亲说，虞姬戴小如意这个造型是梅兰芳先生在改编这出戏的时候，从费小楼的百美图中得到的启发，但没有找到相应的文字。

《霸王别姬》的两种演法

关于《霸王别姬》的演法，断断续续听父亲说过不少。父亲说，他自己演《霸王别姬》跟别人有个最大的区别，是武生演法，而不是花脸演法。当然所谓武生演法，并不是说不勾脸，而是唱念做打按照武生的方式处理。

"《霸王别姬》这出戏是1921年齐如山专门为杨小楼和梅兰芳编写的新戏。戏是新戏，故事并不新，《霸王别姬》的相关故事此前在昆腔中有，乱弹中也有。在梅兰芳与杨小楼演此剧之前，杨小楼和尚小云先生曾经演过一出《楚汉争》，也是霸王别姬的故事，那时候我还小，没看过。《霸王别姬》头一次演出是1921年的下半年，在第一舞台，转过年来在东安市场的吉祥茶园，就是后来的吉祥戏院演第二次，我就是从这第二次开始看这出戏的，此后杨梅两位总共演出过十几次至二十次的样子，我都看了。"

"杨梅合作的崇林社只一年多的历史，就又分开各自组社。杨小楼组了永胜社，梅兰芳组了承华社。但他们仍有很多合作的机会，每年的腊月里，为生活有困难的同行筹款有一次大的义务戏，三天义务戏中，有一天必是这出《霸王别姬》，这种形式一直持续到1936年，杨小楼先生去世为止。可以说他们演了多少场，我看了多少场。在这个过程中，我发现戏的改动和削减越来越少，从二十几场直到最后的七场，是一个不断删繁就简和浓缩的过程。剧情高度的提纯，人物个性更突出，也更好看。"

"至于霸王这个人物，为什么说有武生和花脸的两种演法，得从剧本创作之初说起。大家知道，在过去的演员里，杨梅二位都是文化程度很高的人，杨先生本人是唱武生的，他们又知道历史上的霸王原是个美男子，所以想把人物设计成带黑三，也就是黑胡子，脸就是武生的净脸，但这个想法跟班里的同行一说，谁也不同意，都说哪有不勾脸的，那还叫霸王吗？既是都不同意，就还是花脸的扮相，穿蟒等等一套并没有什么变化。但可以说，表演的风格仍然是武生的，还是杨派武生。"

"这个局面有所改变是在梅兰芳去上海演出，因为杨小楼没有同行的缘故，上海的班主特别挑选了一个南方比较有名的武生演员，叫杨瑞亭，也是高个长脸，就是瞄着杨小楼的模子找的。还没演出时，梅兰芳已经觉得他不适合，就婉转地提出不演这出。但班主认为这是一出能叫座儿的新戏，坚持要演，梅兰芳就提出让当时还是底包演员的金少山演这个角色，班主觉得一个底包演员，能跟梅老板配戏吗？不过，因为是一出新编的戏，无论是请谁演，都得让梅先生班里的李春林先生现教，所以也就乐得顺梅先生的意思。结果是金少山一炮打响，从此在上海大红特红。黄金荣特为他做了一身霸王的黑靠，金少山也立刻跟班主提条件，原来作为一个只演演开场戏的底包演员，只能是按月开比较少的薪水，演霸王就不能再这样了，得按场分钱等等。有意思的是，金少山是花脸演员，所以霸王又从武生行还给了花脸行。"

"霸王有两种不同的演法，就是这么来的。"

"霸王自杨小楼先生以武生路子演之后，其他武生当然也演，但与杨先生仍然存在不同。至于怎样才是杨先生的霸王呢，我以为是在《铁笼山》的姜维与《挑袍》的关公之间又出现的一个新的风格，既不同于姜维，也不同于关公。"

"杨小楼先生之后的霸王，只有孙毓堃最出色，其他人都不具备可比性。"口气如此坚决，毫不含糊的称赞一个演员，这在父亲来说，是不多见的。

有一次电视的戏剧频道放了一段老电影，大概是《借东风》。父亲特意叫我，看，这是孙毓堃，多好。宋丹菊因为与父亲长时间多次合作演出，平时也时常交流彼此对于戏剧的心得。在她跟父亲说话的时候，不时听见父亲说，"你姥爷那时候如何如何"，说的就是宋丹菊的外祖父孙毓堃。

第一次演出《霸王别姬》

父亲初次登台十三岁，演的是《乾元山》的哪吒，从少年到青年，是他学戏和舞台实践比较集中的时期。学会《霸王别姬》在二十几岁，但直到四十几岁才演出。

"这件事，也是需要特别说明的，就是杨先生对霸王表演的一个要求。从前，我因为跟杨先生的外孙刘宗杨是很好的朋友，又一起跟随杨先生学戏，经常在一块儿练功。这件事就是我亲耳听见的。那时候，我们还都是二十多岁的人，有一回，刘宗杨跟他姥爷（就是杨先生）说，赶明儿我也唱一回《霸王别姬》好不好。杨先生说，你先别唱，会也别唱。怎么着也得过了四十，不然你没那个份儿。这就是杨先生的原话'没那个份儿'。刘宗杨三十三岁死的，所以始终也没唱了《霸王别姬》。倒是我这个外行武生，是按着杨先生的话，真过了四十岁才唱的第一场。1961

年，在政协礼堂，是九三学社的晚会，梅葆玖的虞姬。"（按，就是我开蒙看戏的那一场演出）曾经在梁实秋的文字中也见到这个意思，他说，有些内容比较深沉的戏，势必要人过中年，对世事与人情有了几分体味之后，才能演出人物。

在锦州演《霸王别姬》

"文化大革命"结束后，第一次演出《霸王别姬》不是在北京，是在锦州。

1980年，父亲有个大学同学叫杨达成的，从锦州京剧团退休回北京，来看父亲的时候，说起团里有个非常用功的女演员叫李玉棠，学梅派的，想拜梅葆玖，拜托父亲代为联系。拜师之后，除去跟梅葆玖学习之外，更主要的是跟随原来梅剧团的老师贾世珍学习，住宿在离我家很近的交道口旅馆（印象中旅馆在浴池的楼上），不去梅老师与贾老师处上课的时候，也常常到家里向父亲请教，之外的所有时间，她只在旅馆中默戏，遇见房间里没人的时候，就大声唱念做舞起来。父亲还为她照了几张练功的像。

大约整个夏天就是这样过的。

到了秋天，学习告一段落，回到团里汇报，很

在锦州演《霸王别姬》后，与贾世珍合影。　　在锦州演《霸王别姬》，李玉棠饰虞姬。

受重视。于是，邀请父亲与贾世珍先生到锦州帮助排练。还特意安排父亲与李玉棠合演了一次作为示范。记得李玉棠在这一次合作之后，非常激动，她称赞父亲的表演特别让她入戏，原话是"感觉朱先生那霸王，可稀罕你了"。

在《梅兰芳的舞台艺术》一书中，记载着关于杨梅合作《霸王别姬》的很多细节，父亲因为非常熟悉这出戏，所以，对于表演上的细小变化也很敏感，他问梅先生，"从前和杨老板合演的时候，您有些身段跟现在不大一样。比方说：唱'贱妾何聊生'的时候，从前的身段是随着'何聊生'的腔，一手掩面，身体向后仰，几乎要倒下去的样子，霸王伸出胳膊揽着虞姬的腰，突出地表现出虞姬痛不欲生，霸王也声泪俱下的情绪。现在当然也还是表现这种情绪，但是为什么不用从前那个身段呢？"梅先生的回答是，"要问我为什么，我还是真说不上来。当然大的轮廓是有一定的，要是有更动的话得预先说一下，至于细的地方都是尽等着台上见了。我们同场的身段做派在那十几年里头，也是慢慢演成后来的样子，从来也没有预先商量商量，你来一个什么身段，我这儿来个什么像儿，跟杨老板一块唱戏，他那做戏的本事真能把别人也给带到戏里头去，在台上就觉着简直真事一样。譬如你刚才说的那个身段，我们也不是先商量说今天我要使一个望后仰的身段，你得假装扶我，因为我事先也没这个打算，只是到了台上，在那个情景我也不知道怎么回事就那么做了，他也就那么做了，我们内行常说的话心气儿碰上了。"

恭王府戏楼

此后，传统戏开始恢复，父亲又多次与不同的女演员合作演出此剧，如与梁小鸾在中央人民广播电台录制了《霸王别姬》的全本录音，与王蓉蓉在湖广会馆演出。与宋丹菊合作《霸王别姬》最多，反而说不上确切次数，只记得第一次在刚刚修好的恭王府花园戏楼，末一次在即将拆除的吉祥戏院。

《画传》中收入的一张霸王剧照，就是在恭王府演出时的剧照。时间是1987年7月9日，纪念演出的第一天。三十多年之后，听宋丹菊说到一个细节，虞姬自刎之后，上场门出来宫女搀扶着，霸王望见虞姬已然自刎，大恸，念扑灯蛾："一见泪双倾，泪双倾，好不叫人箭穿心。俺今空有拔山力，不能保全一妇人，一妇人。"蹉步至虞姬身边，单腿跪下，以虞姬的裙裾沾泪。

宋丹菊说，这个身段，"再没看见过别人这么做，让你觉着霸王对虞姬的那份儿心疼"。

为了印证这一细节，我重新看了他们二人的演出视频，从主机位镜头的角度，看见霸王蹉步到虞姬身旁的时候，一条腿跪下了，左手甚至扶了一下地，俯向虞姬，让人感觉死别的打击太大，霸王有些不支，一个趔趄。沾泪的动作或许剧场左前方的观众能够看见，并不是所有观众都能看见的，看得最清楚的当然是台上人，所以这个身段绝不是为了向观众"要好"

的表演，进入人物感情之后，自然而然的流露，与"好不叫人箭穿心"的念白是一气呵成。

从《千金记》到《霸王别姬》，从杨梅合作的《霸王别姬》到父亲这个业余爱好者多次与不同的旦角演员合作，应该是有许多细小的变化，但不变的核心，应该是人物的感情。符合这个核心的处理就一定是合理的，感动人的。也就是成功的。

在恭王府演出《霸王别姬》

洪雪飞这个名字，或许知道的不多，但要说起样板戏电影中《沙家浜》里的阿庆嫂，至少四十岁以上者是无人不知。1994年9月，洪雪飞在新疆演出途中发生车祸遇难，父亲听到这个消息，觉得非常难过。

"洪雪飞生前多次跟我说起，朱先生，什么时候我跟您演一出《霸王别姬》成不成。我总是说，那怎不成，我一定跟你演。也是我这人不爱自己张罗，赶上别人组织就演，你想，她这个岁数，且有的演呢。总得我先演不动不是，还没等我演不动呢，她先没了。怪对不住她的。"

恭王府戏楼纪念演出，父亲的演出在第一天，7月9日。10日到17日都是北昆的戏，其中就有洪雪飞。是不是那个夏天看了父亲的霸王，才激发了洪雪飞要塑造自己这一个"虞姬"的念头？

我所知道的《刀会》

　　大概两年前，也是清明时节，父亲的学生张卫东发来邮件，说"最近得知微博上有一段视频，是我满头乌发时代与先师的录像，正逢清明时节，看到录像不觉心恸……"。卫东不是爱伤感的人，"心恸"的话让我有点诧异。

两分四十秒

　　点开链接，是两分四十秒的一段视频，标题字幕是"朱家溍先生、张卫东先生于北京昆曲研习社聚会时唱《单刀会》【胡十八】1995年1月21日"，【胡十八】是曲牌的名字。画面中最前面是肖漪老师，后面隐约可见的有杨忞老师，朱复先生时而穿过画面。父亲（关公）已经安坐，张卫东（鲁肃）把椅子放在父亲右手，一面已经开始唱前的对白。

《刀会》，父亲饰关羽，张卫东饰鲁肃

鲁肃：君侯，你我在哪里一别，直至今日？

关羽：当阳。

鲁肃：哦，当阳。想光阴似骏马加鞭，日月如落花流水，去得好疾也。

关羽：果然去得疾也。

【胡十八】想古今立勋业，哪里有舜五人汉三杰，两朝相隔只这数年别，不复能够会也。恰又早这般老也。

鲁肃：君侯不老，鲁肃苍了。

关羽：彼此皆然。

按说，父亲生前多次演出《刀会》，我也多次看，是熟悉的戏，但从未像这两分四十秒的视频那样，让我有一种猛醒的感觉，顷刻之间对光阴和人生有了切肤之痛，戏本身具有的音乐语言与音韵的开合起伏也变得焕然一新。1995年，父亲八十一岁，张卫东二十七岁。"日月如落花流水，去得好疾也。"

　　无怪心恸，我亦深有同感。

"老先生"张卫东

　　北京昆曲研习社恢复活动是在1980年，当时的张卫东十来岁，正在北方昆曲剧院的学员班学习。爱学戏，爱钻后台，爱问掌故，也爱讲。曲社演出，他必定早早到后台，逮住人问问题，核实某种梨园行的传说是否属实，某位前辈的某一处唱法，等等。曲社的大人都知道，"小卫东儿"话多，有一位赵颐年先生，管箱，也管后台诸多杂事，知道好些别人不知道也不注意的事，嘴也损，特别能绷着脸儿开玩笑，因为卫东的这种话多且专爱说老话儿的习惯，管卫东叫"老先生"，遇见卫东打听某事的来龙去脉，就爱调侃，说，您给我们讲讲，那时候我们还小呢。卫东并不以为意，还是照旧在人堆里钻，照旧问，有股不怕人烦的执着。记得父亲说，有一回演戏，卫东在边上，先是没完没了的说话，父亲不得已拦住他的兴头直接说，我得扮戏了，你别跟我说话了。这才安静下来，没有多大功夫，勒头的时候，卫东还是没忍住，很诧异地说，呦，朱先生，您脸上怎么那么多褶子呀。父亲回他，啊，老了嘛。回到家里，给我们学的时候，也是好气又好笑。说归说，彼此相处的长了，研习社里的老一辈人，包括赵颐年，卫东称呼的赵大爷在内，都开始喜欢这个话多的孩子，愿意教他，尽自己所知告诉他精粗美恶的各种。卫东在曲社受益很多，长进很多，最大的长进就是承袭了长辈们的方式去教后来的人，而成为能够使用昆曲引导人亲近文雅端正之道的教育者，实践者。

头上的乌发不满了，卫东真成了"老先生"了。

师承

今年清明前，这段两分四十秒的视频又一次流传，附了张卫东的一篇新文字，《鲁殿灵光——回忆同季黄先生合唱〈单刀会·刀会〉》：

这是在北京昆曲研习社（1956年成立于北京的民

145

间业余爱好昆曲者的组织）的日常活动场所由台湾采集文化部门录制。

朱家溍先生时年八十一岁，从南锣鼓巷骑着自行车来到东华门外的东皇城根小学参加活动。

北京那时还没有"煤改电"（2005年前后，北京的平房地区开始逐渐以电代替燃煤，因为涉及一家一户的设备安装，简称为"煤改电工程"），小学校是一所清代旧宅院改造的平房（原址还在，门口的牌子换成了景山学校教材发行部），周日那煤球炉子从来不生火，大家都穿着棉衣服唱曲。前面就座掐指拍板的是清末丰润张（指张佩纶、张人骏之家族）后人肖漪，后面坐席有黄畹华、杨态、李倩影以及行过者朱复等。

这段《单刀会·刀会》【胡十八】是典型的元曲风格，是红豆馆主溥侗先生亲授朱先生。口风唱法完全维护正声，北音依中原音韵，念白中州韵风格，没有一点湖广音的京剧习惯。此种阔口豪情慷慨悲歌与当今音乐美学理解截然不同，在会唱昆曲的人群中亦是无人匹敌，而今先人已逝，可谓"鲁殿灵光"。

那天的伴奏笛师是上海昆二班出身的徐达君，当时考虑朱家溍先生八十多岁，可以降低一个调门儿伴

红豆馆主溥侗

奏，结果先生依然用原调演唱，只得马上变化指法从新吹奏，成为这段视频的原版由来。我们演唱这段没有在乎"台湾中央大学"洪惟助教授正在录像，在北京那时还都是扛着日本式的"提包式"录像机，大家还以为那不过是个小照相机而已。因此，也没有在意这段录像的资料价值，而后经台湾制作出版才明白那时是为了昆曲资料采风。可是，我们任何人也没有得到一分清晰的录像资料，直到这几年才看见坊间传播的这段珍贵视频。要知道当时记录的重要性，真是应该让朱家溍先生多唱几段才好呀……

光阴荏苒，朱老师已经过世十三个年头了，回想起每次与他骑着自行车穿过胡同排戏的情景仍历历在目，无论是走到北京城的哪个角落，先生都会告诉我这里曾经发生过什么故事，是谁曾经住在这里有过什么作为。

季黄先师授业弟子　张卫东　谨识

丙申年（2016年）十月十五日　榖旦

同样的两分四十秒活动影像，但卫东的心不再"恸"，而是归于平静，只是"谨识"自己所知，正如当年随父亲骑车走过大街小巷时候听到的一样。

所谓师承，就在此吧。

父亲与张卫东在曲会上

大都音

卫东文中说到父亲的唱念"北音依中原音韵，念白中州韵风格，没有一点湖广音的京剧习惯"。卫东是演员，用的是比较专业的词汇与概念，我倒是因此想起父亲就着《刀会》给我讲过的"大都音"来。

父亲生前演《刀会》多次，我也现场看过多次，父亲说，《刀会》是昆曲从元杂剧里继承下来，又以昆曲形式演出并保留下来的遗产。一些元代大都音也借此传下来，原来只是知道北京曾经是元大都，今天在地名上还有遗留。"元大都音"这个概念，即由此剧说起，而深植心中。譬如，"大江东去"的 "大"读"dɑi"，"九重龙凤阙"的"龙"要念"liong"，"两朝相隔只这数年别"，的"隔"要发"jie"的音，父亲进一步解释，很多老北京话词汇，也是大都音的遗留，还举了这个例子，"北京话里管一墙之隔的邻居叫做jie bi er，写成书面语就是'隔壁'加上儿音。今天说的炸油饼，从前叫油炸gui，'炸'第二声，要轻读，而gui究竟怎么写，很多人写'鬼'，还为此附会一点传说。其实这个读作gui的字，就是'果'，天津话说煎饼果子，也是说的这样东西，音又不同。"还因此知道了在河北有个地方叫做高阳，是弋阳腔的发源地，地道高阳话的很多发音就是元代的大都口音，父亲举例说，《钟馗嫁妹》中的念白有"破伞孤灯"一词，"灯"不仅不能按照湖广韵（京剧）读"den"，而要读"deng"，并且还要像高阳话那样，带上浓重的鼻音才对。

父亲平时唱《刀会》的时候很多，开了录音机，听着笛子响起来，抱着手，倚在里屋的门框上，就唱起来了。"大江东去"开口就很高，常常会挑起眉毛来用力。"驾着这小舟"又落的很低，微微收住下巴。每想到这个场景，仿佛化身鲲鹏一样，可以展翅飞翔。宽宏的，壮阔的，雄浑连绵之山，浩浩汤汤之水，尽在身下。

"来此已是赤壁。想二十年前，隔江斗智。曹兵八十三万人马屯在那赤壁之间，也是这般山水。"念白中充满了音乐，音乐中有自然的风声水声，也有平静面容之下的感喟兴叹。

【新水令】大江东去浪千叠，乘西风，驾着这小舟一叶。才离了九重龙凤阙，早来探千丈虎狼穴。大丈夫心烈，大丈夫心烈，觑着那单刀会赛村社。

【驻马听】依旧的水涌山叠，依旧的水涌山叠，好一个年少的周郎，恁在何处也。不觉的灰飞烟灭。可怜黄盖暗伤嗟。破曹樯橹恰又早一时绝，只这鏖兵江水尤然热，好教俺心惨切。

白：这不是水。这是二十年流不尽英雄血。

自述

《刀会》是父亲极为喜爱的一出戏，知其然，也知其所以然。譬如，首先是昆曲形式继承与保存下的元杂剧剧目，其次是唱念的音韵中保存了元大都音，然后，作为一个舞台实践者，就会对不同风格表演上有所取舍。卫东所说"此种阔口豪情慷慨悲歌与当今音乐美学理解截然不同，在会唱昆曲的人群中亦是无人匹敌，而今先人已逝，可谓'鲁殿灵光'"，大约就是对这种取舍标准的推崇。

取舍不易在于能辨别精粗美恶，父亲曾经说过，"在北京戏班里，专业演员的演出我没看过，但是，我看过一回红豆馆主溥西园先生主演的《单刀会》，戏的配角儿倒都是戏班里的专业演员。钱金福饰演的周仓，方宝泉饰演的鲁肃，我记得是在一次义演戏里看过他演的戏，我学这出戏时，就是跟方宝泉先生学的，方先生给说的地方。唱曲子是跟迟景荣先生——

即我的先生迟月亭先生的儿子学的。迟景荣先生是吹笛子的，给杨小楼吹过笛子，也给梅兰芳吹过，《单刀会》的曲子我是跟他学的。所以，我演的方式也是京戏班里的路子。与北昆陶显亭等表演的稍有不同，唱的音符也有不一样的地方，整个戏是同一个剧本。"

"西园先生这出戏演关羽，是揉脸，不勾油红，夫子盔是老式的，高矮合适，绒球很少，扮相威严端庄。戏里周仓面向外吩咐'把船缓缓而行'，和关羽背对背走'云步'转过身来，在开船的唢呐声中，关羽拈须看水，然后端坐椅子上，没有一般演《单刀会》两边三指的身段，显着简练大方。关羽在唱'恰怎生闹吵把三军列'时，宝剑并不拿在手中，只是拔出一段剑，随后就还原在鞘中。在唱这支曲子时，右手按剑，左手抓住鲁肃的手腕。这样既合理，身段又好做，相也好看。不像现在演《单刀会》的拔出剑来，放不回去。"

"西园先生《单刀会》的关公和王凤卿先生《战长沙》、《华容道》、《汉津口》的关公，我认为这两位代表着京派昆乱演关戏最高雅的路子。王鸿寿先生（三麻子）的关戏，我认为也很好，那另是一派。"

"我没向西园先生学过整出的戏，但在听他聊天时却受益不浅。我学京戏的同时，又学昆腔，就是听他的话；唱武生，也唱花脸，老生、小生也是受他的影响。"

曾经有一位摄影的朋友，知道父亲演《刀会》，自告奋勇做当天的摄影师，但事后有些许的失望，说您那青龙偃月刀也没耍，戏就完了，父亲笑了，说你咽下去的话是"没劲"，是不是？关公已经是神了，就不能耍了。正是基于这样的认识，父亲才会取西园先生简练大方的表演方式。

1998年北大百年校庆，召开国际汉学研讨会，特别邀请北京昆曲研习社演出。在网上看到一位年轻曲友的观后感，摘引如下。

侧记五月七日香山饭店北京昆曲研习社庆祝北京大学建校一百年特别演出观感。

当日有朱家溍老先生《刀会》（张卫东饰鲁肃，此戏为我仰慕已久），朱世藕先生《惊梦》，我社王鹏饰三月花神杨延昭，刘蓉林六月花神西施，王艺八月花神杨玉环，李可宁十月花神绿珠，谢悦九月花神

《刀会》，父亲饰关羽，侯广有饰周仓。

陶渊明。几位同仁皆忙于彩妆，恐无暇观看朱老先生
《刀会》，故补记一笔。

　　王君艺提醒我朱先生一定已在小化妆间了，猛
然想起我此行之衷，急出大厅，朱先生此时却已在勒

头了，妙在即勒未勒之际，被我瞧了个仔细：其面部全为粉质，眉短，然旁颅上拔，眉心颦促，微含怒意，双目微虚时，已是神色凛然，既而忽开一线，四面挨挨挤挤围观者顿感光辉，真老生之风神备矣。开戏时我便在台左下侧，目不转睛地看，诸位，俊极！美极！集武圣人之骄矜、端持、庄雅于一身，似乎在"文"化关羽，然而奇怪，反而备显英武矫健，至柔处至刚，妙不可言。我（虽然没有找到教《孙子》的李教授攀谈一二）始悟孙子言动如脱兔必先静如处子之理。

父亲若看了这文字，一定会说，这小孩儿真看懂了。

父亲去世之后，不唱戏的我，也仍然会听戏，也还会取出曲社印行的那一套金声玉振的曲谱，看看父亲演过的戏，有时还会抄抄唱词，拿笔写字，仿佛可以靠的更近一点，与什么更近？是与曾经唱戏的父亲，还是戏中的人物？说不清楚。

东京审判之外的倪征燠先生

按，2003年春夏间，父亲第一次住院回家，赶上央视10频道推出"大家"栏目，最初的几位当中就有倪先生。"倪先生是英雄。" 父亲说。

认识倪先生，熟悉倪先生，是从父亲嘴里，其实他不认识我。父亲多次在剧场里告诉我，说那就是倪先生，曲社的老社员了，还是国际大法官，参加过东京大审判等等。言语之间非常敬重。

倪先生是北京昆曲研习社的成员，特别忠实的成员，曲社所有的演出，只要他在北京，就一定会看。端端正正坐在前排，聚精会神的。演出结束后的合影中，那个从来不见化妆的，比较敦实的戴眼镜的就是倪先生。

倪先生还是昆曲研习社几个主要的经常的赞助人

演出《赐福》很多次，这大约是1996年为北京昆曲研习社成立四十周年的一次，父亲饰天官，前排左起第四人为倪征燠先生。

之一。自从1980年恢复活动，曲社不断有正式演出，演出要借服装，租剧场，总要有些开销。而大部分曲友（喜欢听曲、习曲、唱曲者互相的称呼）不知为什么，都是很低收入的人。倪先生是常常捐出钱来的几个人之一。

倪先生喜欢昆曲，出任国际大法官职务的那几年，不能按时参加曲社的活动，倪先生事先准备很多盘磁带在身边，每天工作结束后，总归要听一会儿昆曲。

2003年春夏间，父亲第一次住院回家，赶上央视10频道推出"大家"栏目，最初的几位当中就有倪先生。研习社的曲友们都很高兴，当作社里的大事，互相通知节目播出的时间，约好了一起看。我所知道的倪先生，更细致的都来自于这个节目。

听见他一口很糯的吴语，看见泛黄的旧照片上一个特别乖的男孩子，干净又听话的站在家人中间。及至青年时候，你必然会脱口而出一个到处用，而到处不见踪影的形容词——儒雅。

东京审判全过程有两年多时间，当时中国法官遇到的最大的难题在于缺乏证据，尽管中国经历了八年抗战，大半国土遭沦丧，无数的国民被杀害。倪先生

倪征燠先生

的加入是因为梅汝璈法官的特别要求，非常紧急地投身到这一历史事件中来的。

倪先生的加入是首先要解决证据问题。

我想国际法庭的审判陷入困境，应该是家喻户晓的时事消息。这在一定程度上鼓励了那些过去曾经给日本鬼子效忠的坏蛋。原来准备的人证，如在押的伪满洲国议院议长赵欣伯，开始，赵答应并写了一部分材料。但第二次找他时，不但不肯继续写，还把第一次写出的材料夺过去投进煤炉中烧掉了。很多原来答应出庭的人证都反悔了。

而美国法官由于战后利益的被许诺，所以时时处处为日本人开脱干系。他们的法律主旨是要确定日本战犯有罪，须提供犯罪的证据。否则，不能定罪。

倪先生说，"你想想看，中国四万万人都在等着我们。如果我们拿不出证据，打不赢这场官司，四万万人的口水也要淹死你的。压力真大呀。"

"总这个样子不成的，要想办法。想什么办法呢，我就到美军的司令部里去要求调阅日军已经封存的日军档案。美国人没有理由不让看这些档案。后来么，果然被我找到了。"

日军在战争中为了鼓舞士气，把大量侵略战争中屠杀的场面记录下来，某人某日在何处一口气杀支那人多少，获得何种荣誉等等。既有照片，也有文字，数字。

就用这样子的吴侬软语一点一点述说着，不快，似乎也听不出紧张。有时竟是喃喃的，自言自语的感觉。

50年代以后，倪先生被逐渐从有关法律的岗位上清理出来，连教师也当不成，理由是倪先生学的是欧美法律，我们的高校中需要教授的只有苏联教材，所以他不适用。在相当长的时间里，倪先生只是一个法律杂志的编辑。直到80年代，中国重新进入国际社会，参与国际事务，有了出任国际法庭大法官这样的需要，一时找不到合适的人选，才只有让将近八十岁的倪先生来工作。

访谈者把话题引到了倪先生的爱好——昆曲上，倪先生小心翼翼地捧出一个小小的窄窄的册页，应该就是旧时的巾箱本吧（古人所读书，开本都比较开阔，但也有专为文人客中准备的袖珍本，本小而窄，可与男人束发的头巾一起放在随身携带的小箱子中，故名巾箱本）。墨书"夜奔"二字。倪先生说这还是少年时度曲（拿着本子，跟着老师，一字一句学唱的过程叫做度曲）老师给的，带了很多很多年了。说着，竟兀自翻开本子，低低的唱起来。《夜奔》说林冲故事，是昆曲《宝剑记》中一折。林冲被高俅陷害，夜走梁山，心情悲愤焦虑。且歌且舞，是我看昆曲的开蒙戏之一。也是我觉得永远看不腻的一出戏。音乐好，文辞好。极尽歌舞念白诸端，描画林冲的内心世界。

倪先生似乎已经忘记了还有录像，还有主持人在身旁。自顾自地唱着：

……

一心投水浒，回首望天朝。顾不得忠和孝。

实指望封侯万里班超，生逼做叛国红巾，背主黄巢，

救国难谁诛正卯，掌刑法难得皋陶。

只这鬓发萧萧，行李萧条

红尘中误了俺武陵年少。

……

林冲以八十万禁军教头的身份，本来可以像班超那样为国出力，却因高俅陷害，不得不背井离乡，投奔梁山为寇。

想母亲将谁靠，俺这里吉凶未可知，他那里生死也难料。幼妻室今何在，老萱堂空丧了。父母的恩难报。悲号，叹英雄气怎消。

将来也无非是黄巢那样一个与朝廷对决的下场。家人无以为靠，自己失去前途，连行路也只能在夜晚，耳边——

又听得乌鸦阵阵起松梢。数声残角断渔樵。

穷性命，挣出路一条……

不知什么道理，节目的编辑并没有把倪先生这一段唱打出字幕。大概，他只是把这作为一个"票友"的个人喜好，完全没有意识到唱词中寄托的深意。倪先生一生中最年富力强的阶段，只能做编辑，到八十岁才能"归队"报效祖国，多么令人痛惜。为国家，为倪先生，为时光不再。

明月何曾是两乡

不学戏，也很少在剧场之外听，除非在家里听父亲唱。有时候想起某一句，就要求父亲，唱那个"哗啦啦啦打罢了三通鼓"，要不就是天气晴朗的夜晚，爱把灯关了，坐在黑影里看着月亮，让父亲唱"月明云淡露华浓"，因此还知道了"程继仙的表演是温良儒雅，不是在那儿吊膀子"。

爱如人生，却比人生更长久。

刘曾复先生去世的时候，吴小如先生说，以后我有不明白的，也不知找谁问了。父亲去世之后，有时会因为某些情景忽然记起听过的一句戏词，除了网络，已没有人让我张嘴就问。如果说伤感的话，这种时刻会有一些伤感，但是真正读父亲写下的文字，也是在他去世之后，读懂的内容则每一年不同。

2003年春天，父亲因为肺部感染住院，治疗见效，恢复得挺好。出院前父亲很平静地和我谈了一次身后诸事的安排，说，这回是过来了，也有可能过不来，你想到了没有？

我说，想到了。

又说，总有一回就过不来了，那时候，你记着，不开追悼会，不用别人总结我。也不做遗体告别，想参加告别的人都是日常亲近的人，看见我那样儿多难受，不用。真要开，就开个座谈会就行了，就用平常家里摆的那张照片。把我唱戏的录像放放，就跟我给你们唱堂会似的，多好。

现在手里没有完成的几本书，差的就是插图，写说明了，可以先搁下。唯独画传，应是应了，一点没动，咱们俩得把这赶出来，赶有赶的办法……

于是，出院之后的日子里，全力以赴干这一件事——《中国文博名家画传——朱家溍》的写作与选图。事实上以时间和父亲本人的体力来说都已经不够，父亲的办法是，用原来已有的记述不同时期经历的文字贯穿起来，再补写若干欠缺的部分以为连缀。最初设想由我来写的按语几乎完全放弃。选图是一项大工作，先是集中能找到的照片，有时要翻拍或扫描以得到可以发稿的图片，然后在父亲确认下编入所属的文字部分，由他口述记录下图片的说明。工作进入到最后一个章节——看戏、学戏和演戏的时候，因为篇幅有限，一出戏只能用一张剧照。排到《定天山》时，原来就在手边的演出剧照找不着了，只有一张演出前正在扮戏的。我说用这张也一样，是同一天、同一次演出。父亲说，那不行，那不一样。你太不可靠了，不用你了。竟然真生了气的样子，姐姐们和在场的好朋友为我说情，也没有用处。所幸后来找到了，于是工作又继续下去。当时没有人觉得两张照片有多大区别，还值得真生气。大家归结为病中的人，容易

父亲在《定天山》中演薛仁贵

起急罢。

父亲演出，当然是因为爱好，但演出的剧目，表演的方式都有独具的意义在内，就以《定天山》为例，唱念虽然有文字的记录，但一百年来没有人演过，父亲自己设计了身段，又请王金璐先生设计了开打，互相找毛病，再改，再找，反复多次，才上舞台。因此，关于这出戏如果有图出现，就应该是有身段的图，才是对于深入研究失传戏剧的过程与结果的忠实记录，为后来者提供可以借鉴的经验。扮戏表现的只是演出者个人的状态，与戏无关，与人物的塑造无关，所以，两张照片真的不一样。

传播的主旨变了，就完全失去传播的意义了。画传，画传，画不达意，还有什么传记的特点。

书在父亲去后面世，与其他人体例略有不同的是，正文后有附录，附录之一是吴小如先生的一篇旧文《朱家溍先生与京戏》，文章并不长，但每一句都是父亲认可的，所以，当初才特别交待，务必要保持原有的文字格式收入画传，不能用转述的方式。

吴小如先生文中举了一出戏的例子，详解父亲舞台实践的要义——

父亲演《牧羊记·告雁》的苏武

朱老曾演过《牧羊记·告雁》一出的苏武。这是一出独脚戏，在舞台上早已绝迹，朱老把它排练演出，可以说完全自出机杼，一空依傍。我曾躬聆演出，他在唱念方面竟完全用余派的劲头、风格来表达，当然其艺术效果也甚得余派三昧。演出后一到后台，我第一句话就说："您这出《告雁》大有余派神韵。"朱老闻之，以"实获我心"四字答之。把余派韵味风格施于一出久无人演过的陌生剧目，这难道不是创新和发展么？惜乎聆歌者未必人人皆谙此中甘苦耳。

严肃和认真的态度完全是潜心研究的学术方法，业余爱好与主业只有领域的区分，而没有态度的差异。这在吴小如先生、刘曾复先生和我父亲身上是相同的，因此，他们彼此声气相通的地方就格外多，格外相像。

常跟父亲看戏的时候，每每遇见吴小如先生。一身整齐的中山装，总是精神饱满的样子。有一回老生演员何玉蓉来北京，演出时剧场里反响非常强烈。散场后，我和父亲刚骑上车，后面吴先生喊着追上来，大谈感受，父亲也开始说话，还不下车，一边倒轮，一边捏闸，让车慢行，以便和上吴先生的速度。两个人热烈交谈的方式就像一对中学生。我的车技差，掉下来，推车在后边跟着。要说的说完了，挥挥手，去追公共汽车，父亲说，吴先生得到平安里赶332回北大，晚了就没车了。夜色中吴先生平端手臂，脚步均匀的跑步姿式就一直印在脑子里。

父亲去世之后有几年，常常借柴俊为先生录制《绝版赏析》的机会，在录像结束的时间，赶到附近，参加他们的工作午餐或晚餐。我看戏始终停留在娱乐方式上，也没有什么关于戏的问题。就是想跟这几位长辈待一会儿，吴小如先生、刘曾复先生、王金

《青石山》演出后与吴小如，王金璐合影

这是一次《霸王别姬》的演出后。这一次父亲的脸是刘曾复勾的。

璐先生等等，这个群体里曾经有我的父亲在内，所以能看见他们的样子，听到他们的声音，特别亲切，就好像父亲还在一样。

老北京话里有一个词汇形容那种专门踩着钟点上门赶饭的人——骑着饭锅进门。我就是骑了好几年饭锅的人。

听到吴先生去世的消息，也如同父亲去世时候的心境一样，是平静的，接受的。没有意外，没有特别大的伤痛，对于自己所敬所爱的长辈来说，终于能够摆脱病与衰弱的困顿，觉得少许的庆幸与安慰。

十一年前父亲过世，吴小如先生曾有挽联，"天不慭遗哲人竟萎百身莫赎，公能弘道来者谁继遗爱常馨"，我不会作联，觉得这联用在吴先生自己身上也合适的，只是不知哪一支笔擎得住其中的分量，俱往矣，"昔日有个三大贤……"

来日方长，每天怀着向好的心去过活自己的一生，认真做事，有责任地做人，才不枉这样的长辈曾经呵护我们。

"青山一道同云雨，明月何曾是两乡。"

想起了马连良

按，此文写于2006年，看了一档访谈节目，因马连良先生，勾起丝丝缕缕的往事记忆，转瞬间又十几年过去。

听曹景行和马连良子女马崇仁、马小曼的对话，不由得想起了马连良，一想开头就不能放下。

2006年是马先生逝世四十周年。

我究竟是不是看过马连良，已无考。因为能准确说出这事的人，也就是我的父母，都已经不在了。父母都喜欢听戏，也与马先生相识，在我家闲话的共享空间里，马先生，马太太，梅先生，梅太太都是小时候从父母口中熟悉的。包括他们的演戏，为人，家事。

"文化大革命"中间，不上学，常常从小书架上任意翻抄家剩余的书。

梅兰芳《舞台生活四十年》，《我的电影生活》，《东游记》（访问日本随笔），《梅兰芳戏剧散论》，《马连良演出剧本研究》，《侯喜瑞表演艺术》（这个书名已经不准确了），甚至斯坦尼斯拉夫斯基的《演员自我修养》，《契诃夫画传》。还有零星的《旅行家》，《新观察》，《戏剧报》，《联共（布）党史》（此处的"布"大约应理解为布尔什维克吧）。经过这样稀奇古怪的阅读，我熟悉了很多毫不相关的词汇、人名、戏名，剧照。

侯喜瑞先生擅演《长亭》中的李七，梅兰芳先生《洛神》中唱"红日初升景色新"时，手撕拂尘，马连良先生是回民，演戏讲究护领、水袖、靴底三白，斯坦尼斯拉夫斯基和契诃夫都戴夹鼻眼镜，一个头发蓬松，一个头发伏贴，《海鸥》《三姐妹》《樱桃园》，是契诃夫的最重要的戏。等等。许多全不搭界的东西就这样记住了。

几十年过去了，那些剧照中的手势、眼神仍然清晰。1998年，看人艺的林兆华排演《三姐妹》，不为看戏，只是一心要去见那小时就认识的玛莎。陈瑾的中国面孔却无论如何拂不掉契诃夫与女主演的合影。

70年代初期，"文革"还未结束，父亲从干校回到北京，带我去看梅夫人，马太太那时正住在梅家。当天赶上马先生的小儿子，大家叫小弟的，去看住在梅家的母亲。人多了，梅夫人跟马伯母说，姐姐，咱们吃包儿去。我猜他们说的可能是哪一出戏里的词儿（这又是一个因为父母去世而无考的问题）。

70年代饭馆还是能够解馋的地方，尽管如此，吃得什么却毫无印象。只是一味地看人，看梅夫人，马夫人，马小弟。

马夫人特别招呼着晚辈和头次见面的孩子们，又忙着拿出好烟来请饭店的师傅抽，梅夫人没有这样张罗，还制止马夫人，"你先让他把菜点完喽，待会儿抽烟"，一点点数落的口吻，好像男人的洒脱。小弟，其实是个大人，成年人，而且人高马大，足有一米八，好像原来上的是体育学院。吃饭的时候，他讲自己演出时候曾经一个跟头摔进乐池，"满场哗然"。三十几年过去，眼前仍然是他绘声绘色的样子。

梅夫人和马伯母两人都是我从小熟悉的老太太的样子，从容，慈祥，风趣。梅夫人富态一些，马伯母边式一些。

写下上边的句子，自己不由得有些黯然。有些词汇不是不知道，也不是不会用，没有适当的场合、对象，就很自然地停止了活用。"富态"常有人用，"边式"已经非常少见。但想到马太太，这个词儿自己就出来了。小时候家里用惯的语言，现在假如还有人用，不是真正的老北京人，恐怕就是戏曲学院教表演的老师了。可能《国语字典》中收的有，但《国语字典》已不可见。凭我自己的感觉，"边式"形容人的风度时一定不是胖的人，又不是太高大的人。适中、干净、利索，说话做事不柔弱，不拖沓。形容戏曲表演的时候，还有对演员身上、脚下功力的赞许。保持最好的控制力，决不无端耍弄才艺，在最恰当的分寸上亮相，等等。

1979年为马连良先生补开追悼会。父亲写了两副挽联，一副集的唐人诗，上联是，浊流终不污清济；下联是，今月曾经照古人。十四个字后面有太多太多的内容，一读就不能忘记。

另一副，是完全写实的：一曲东风处处争演诸葛亮；宫中片纸人人竞说海刚峰。

马连良因擅演诸葛亮，素有"活孔明"之称，并由此形成了大小剧团争相上演此类剧目的高潮，即

"处处争演诸葛亮"，《海瑞罢官》作为当时的新编历史剧，一上演就获得了极大的反响，这不仅指文艺界和史学界，而是说从中央下达了一些关于此剧的指示。批吴晗，批北京市委等即由此始，而这一切，甚至可以说，"文化大革命"的序曲，正由"宫中片纸"起，而以瓢泼大雨，乃至汪洋一片而终。

1980年，梅夫人去世，父亲为马夫人代笔写了一副挽联。"交比金兰，雪中送炭无难色；对床风雨，挑灯夜话有谁同。"仍然是平直的句子，最通俗的典故，却一样的不能忘记。我印象中是代笔，挽联的口气也的确是马夫人的口气。

看了凤凰台的访谈，这副挽联就一直在心里盘旋，想说出来，又觉得有些资料要确凿一些。

于是上网查马连良。看到了章诒和的长文《马连良的如烟往事》，很多人转贴，有的节选，有的全文。从事戏剧研究的章诒和写剧人比旁人有着深厚的基础，早已成一时盛事，《马连良的如烟往事》中有一处叙述：

当听说马夫人吃住条件都很差的时候，便立即请她搬到新帘子胡同（按，是西旧帘子胡同）的梅宅，与自己同吃同住整六载。陈慧琏（即马夫人）来的时候衣服单薄，第二天福芝芳就打开柜子，找出衣料和棉花，特地为她做了一身新棉裤、新棉袄。后马夫人病逝，马连良生前没有预购墓地，福芝芳毅然将马连良和原配夫人及陈慧琏三人，合葬于梅家墓地——万华山青松林下。

马连良死于"文革"鼎盛时期的1966年，其时尚在"学习班"（即通称的"牛棚"）被管制，因此不仅不能用回民传统方式安葬，火化后也只是由于梅兰芳夫人的侠义肝胆才得以栖身于梅兰芳先生的家族墓地。此后，又把马夫人接到自己家里共同生活了六七年。这些都没有出入，唯有在时间顺序上，听着像是梅夫人为马先生和夫人料理了后事。和我的记忆有出入，一时不敢动笔了。

上网查询马夫人去世的时间，遍寻不着。最后是打了迟金声先生的电话，因为父亲学杨小楼，也是迟家门的徒弟，我管迟金声先生叫迟大爷。第一次看马连良的《三字经》还是和父亲一起看的，马连良音，迟金生配像。迟先生在马门弟子中，潇洒儒雅的形象是独一无二的，是我心中最契合的配像者。迟先生肯定地说，具体时间一时不能准确回答，但马夫人去世在后，梅夫人去世在先则毫无疑问的。

一个小时后，迟大爷电话。一字一顿的告诉我：马夫人是1981年10月21日去世，享年七十一岁，1981年11月4日举行追悼会。肯定是找着了收在抽屉里的二十五年前的讣告，这就是迟大爷的风格，我估计，如果马先生在世，有人问问题，一定也是这样吧。

现在，我可以比较清楚地说出有关墓地的时间顺序了。也不枉迟大爷给我忙了半天。

马先生去世的时候，骨灰葬在万花山梅家的墓地。一定就在这时，梅夫人就已经把所有的身后事都和子女安排好了，同时也告诉了马夫人。我推想，大概会说，姐姐，甭急，穴都留好了，连您的。将来咱两家儿还在一块儿就伴儿。

1978年为马连良先生平反，1979年在八宝山举行马连良先生追悼会。1980年1月29日，梅夫人去世。1981年10月21日马夫人去世。

他们都葬在万花山，一如他们生前的安排。

〔附记〕

一、关于章诒和写马连良文章的名字，我按照网上见到的一种写成了"马连良的如烟往事"，刚刚在书店见到"明报四十年精品文丛"，内有一本是《中国戏剧大师的命运》，作家出版社，2006年9月。其中收有章诒和此文，名字是《一阵风，留下了千古绝唱——马连良往事》。前者也许是转自《凤凰周刊》配合马连良节目所作的节选，所以另取了"……如烟往事"这样一种读者熟知的格式。

二、关于马连良先生墓地与梅兰芳墓地具体位置的说明。

是迟金声先生补充的。原话如下。

马先生是1966年12月16日去世的，骨灰一直就搁家里来着，入土是在1972年2月。梅先生墓地在碧云寺万花山的山脚部分，坐车的话，一下车就看见了，挺高的墓碑。徐兰沅，就是给梅先生拉胡琴儿的徐先生，也埋在这儿。

马先生的墓在山上边，高处，且得走一阵呢。那块地，后来人可不少，周和桐，言少朋，任志秋，再往南边一点，还有何广志，是管箱的。

1978年8月31日北京市文化局召开为马连良先生平反昭雪大会，1979年3月27日在八宝山革命烈士公墓为马先生举行骨灰安放仪式，这是一个最高形式的荣誉。其实在会场上摆着的骨灰盒里没有骨灰，就是马先生生前戴过的一顶帽子。

三、如何得到海淀区碧云寺万花山所属政府的准许。

是迟大爷和马连良先生的儿子马崇仁联系，之后立刻让我打电话，自己问马崇仁先生的。以下所记，就是马崇仁先生告诉我的。

碧云寺万花山的地，原是梅兰芳先生生前自己看中的，因为梅先生字畹华，取其谐音。梅先生逝世后，在墓地原雇有人看坟。1972年，万花山所属的生产队，要重新规划万花山，通知梅家，原看坟人所住房屋需要拆除，大队想要房子的木料。

我推想，看坟人"文革"后也只能顺应大的形式终止了看坟工作，但所属大队仍然尊重梅先生，所以才有这样的通知，否则即使是八宝山革命烈士墓，也有不知多少被推倒墓碑，砸坏碑文的，但绝不会有人跟家属联系。

梅夫人赶紧和人家商量，要拿木料可以，可你们得给马连良马先生找块地。

一说挺痛快，行。就是山上向来没有人上，全是石头杂草，挺不好走。得收拾。

那个时候，能有个入土的地方，已经是意外，何况还是这么个地方。商量好就入土了。

二位长辈的认真让我不敢有丝毫懈怠，立刻记录下来。

至此，已经脱离了最初的一点闲话的性质，变得严肃和有责任起来，也格外让我觉得"信"的重要，信达雅本是文字的三个阶段，信，是说可信，真实；达，是要表达写文字人的本意；雅，是要好看，引人入胜。原来总觉得信是因为最容易做到，才算做初级阶段，今天看来，是初级，是根基，也是原则，是很难做到的一件事。所以，古人才说在头里。

辑 三

这一辑中所入的文字大多与出版有关系，一些书的后记或序，或是编辑手记之类，总之，是借由工作而对去世的父亲以及自己生长的大家庭有所了解的记录。

所以，保留原来的名字，算是女儿兼责任编辑的一段经历，用父亲过新年爱用的话，就是福缘自造吧。

善承嘉锡，毋坠世守

按，2014年为《紫禁城》8月号"欧斋墨缘"专题写此文。

2014年是我父亲诞辰百周年，"欧斋墨缘——故宫藏萧山朱氏碑帖特展"就是为了这个纪念而筹备的。

萧山朱氏捐赠给故宫博物院的碑帖七百余种共一千余件，进入故宫博物院的时间是1954年，我出生是在1957年。在家里我们是没有见过面的。1995年、2001年的两次展览，之后紫禁城出版社重新编辑出版祖父的《欧斋石墨题跋》，这才是我开始知道"欧斋"，对"欧斋"有所了解的开始，因文字的阅读和着在家庭中口口相传的一些片断，在心里时有感触，时有认识，所以，我的一些关于欧斋的文字与讲述，都不出一个晚辈的，一个读者的眼睛与认识。

家中的笔墨印象

我家是个大家庭，小时的印象里，奶奶屋挂的是奶奶画的芦雁蝴蝶，爷爷写的字，是母亲告诉我的。我们屋里是小幅的山水，上面有诗：山静似太古，日长如小年。会念这两句诗的时候其实还没认字，是父亲抱着看画教会的。北屋堂屋，条案后面的墙上，祖父的大幅照片，两边有字很大的对联，长大以后才从前辈的文字中知道对联写得是——"百年旧德论交远，五世清风接座频"，是我们的同乡又是世交许宝蘅先生为祖父五十岁生日所做的寿联。

认字的同时，开始写毛笔字。我这一辈大排行兄弟姐妹十五人，全都如此。五岁，生日那一天，去给奶奶磕头，起来的时候，奶奶给我一支毛笔，一个铜仿圈，都用红纸条缠着，说，你又大一岁了，该写字了。正是秋天，太阳从北窗照进来，窗前奶奶的书桌，桌上有铜墨盒，笔筒，毛边纸钉的大本。母亲在身后轻声说，两只手拿着，谢谢奶奶。

于是从这一天开始写毛笔字。

哥姐们小时都写过仿，现在能够查到的解释都叫

"写影格"或"写仿格"，但我心里的印象就是写仿这两个字，特意问了一个长我十岁的姐姐，也肯定地说，就叫写仿。所谓写仿就是由长于书法的人写出端正的楷体大字，学写字的人把纸蒙在上面照着写。写字的纸不容易贴合，不贴合就看不清楚笔画，所以凡是写仿的时候，会用到一种文具——仿圈。仿圈通常是铜的，长方的、圆的都有，边框大约一厘米宽，厚度较镇纸稍薄，在纸上放好，括起来的空间正好是一行字的宽，哥哥姐姐们写的仿通常是三舅爷给写的，三舅爷是父亲的三舅（张效彬，号敂园。楷书精，又特别喜欢教导年轻人）。而到我开始写字的时候，是三舅爷顾不上了，还是家里对于教育中的这个环节已经打算放弃？总之，我就是描红模子，没写仿，但也用仿圈。白铜的，上面细细刻着花枝和鸟，墨染脏了，洗洗，还是很亮。

忽然有一天，大人们忙起来了，买了好些有颜色的纸（原来这种纸一定也有自己的名字，但是自从"文化大革命"之后就一直叫大字报纸了），比照着家里几种镜框的尺寸，写了毛主席诗，直接贴在玻璃上。看着有些异样。

1966年的暑假变得无边无际，学校停课了。到处是大字报，标语，我连红模子也不写了。倒是一直写铅笔字，因为母亲规定我每天需背诵默写一段毛主席语录，发生任何事情也不准拖延，用来替代学校里应该学的功课。家的外面到处是笔墨的痕迹，甚至无需纸，墙上，马路上都会有刷子刷出的标语，用的就是习惯上叫美术字的字体。

"文革"中曾经有一个叫做"红海洋"的现象，就是大规模描绘领袖形象、语录以及由此生发出的画面，像大海航船、葵花向日等，小学的图画老师齐良已是名画家齐白石的儿子，相貌堂堂的一个斯文人，本色的绸衬衫总是熨过的，说话清楚又温和。站在街上画那些祥瑞图案的时候，也仍然与熟识的学生和家长照常招呼。温文尔雅的齐老师与他置身其中的斑斓色彩奇异地烙印在记忆里，成为"文化大革命"的标志之一。

1974年，父亲因退休得以从干校回到北京，院中的街道工厂还在开工，父亲已经开始临帖，母亲戏称为"举神童，做正字"。新年时候，会在月份牌的两边，集两句唐人的诗"映阶碧草自春色，照室红炉促曙光"，凑成小小一联。再往后，渐渐又恢复了元旦书红，不过一向只是春条，因其随处可贴，不要求轩敞的空间，"是那么个意思"。短信尚未普及的时候，贺年片是个很重要的拜年方式，父亲收到的贺年片非常多，他会在元旦之前全部带回家，在一种故宫博物院的便签上，用毛笔写新年大吉几个字，落款之后钤两方印，一姓名，一室名。

1983年，院中的街道工厂迁出，收拾房子。父亲复印了几页新出版的印本《蔡襄自书诗》，请修复厂的裱画师傅接成两张镜心，用以遮挡破损的隔扇，之后又请他的好友许姬传先生题了宝襄斋三字，悬在复印的蔡襄自书诗之上，自此相对揣摩，临写不知其数。有人想拍照，这里一直是父亲最喜欢的背景。

父亲在宝襄斋

我所知道的欧斋

祖父因为酷爱金石，室名别号也不少与此相关，譬如宝峻斋是因鲁峻碑，天玺双碑馆是因天发神谶碑与禅国山碑，云麾斋则是云麾将军李思训碑与思而未得的麓山寺碑。其中尤其以得到北宋拓欧阳询《九成宫醴泉铭》最让他震撼，欧斋即由此来。

祖父喜爱欧字，但他自己收藏碑帖三十年间，《九成宫醴泉铭》只有一本明拓，向往见一稍好的宋拓本都没有见到。直到五十二岁这一年，竟然得到了北宋初拓，"洞心骇目，几疑梦寐"，是他当时的感觉，真正是惊喜。这件宋拓有很多字不仅优于明拓本，而且优于一般的宋拓本。譬如，帖中"重译来王"的"重"字，从来所见都是有缺损的，这本是完好的，还有像"萦带紫房"一句"紫"字的勾，一般宋本，都高出"此"字约有半分，从字的结构看，不是欧字的特点，过去总是使人不解。而此本可以清楚地看出笔画适当，是欧字的本来面貌，只是在下勾附近有一处泐痕。由此可以知道，有些碑帖的拓本会把自然剥蚀的痕迹与雕凿的笔画连起来，造成间架结构上的不通。不仅如此，由于拓工好，字口清晰，一些向来有争议的字，在这样墨迹分明的拓本面前自然有了定论。用祖父的话来形容，"结构峻整，神气浑融，无丝毫婉媚之态，足见率更本色"。

好是真好，但在交易当时，居间的商人也知道这是让人非常动心的东西，何况了解祖父行事向来以为物有所值，所以出口的价钱没有丝毫商量余地，"以重价要予，磋商累日，时予贫甚，不得已乃斥卖藏画，并称贷以予之"，所谓重价是四千块银圆，当时是向银行借了高利贷银货两清。为了还这笔高利贷，不得不卖掉了两幅同样非常珍贵的画，一件是沈周的《吴江图卷》，一件是文徵明的《云山图卷》。也是了不起的东西，但凡有一点办法也不会舍得。

然后就是时时揣摩，数作长跋。把拓本上的字参照欧阳询本人的议论逐一分析，"此正率更（欧阳询生前曾任率更令这个官衔，后世有时就用率更来称呼他）自道出醴泉铭之甘苦语，非泛泛论笔诀也。然非观北宋初拓，字字而体之，则不能知其语之亲切有味。予因适获北宋善本，每于风日恬和，心情闲逸之际，取置晴窗净几，静观玩味，正不啻对欧公书诀时也。"

也是在跋语中，看到祖父的记载，说最初以贱价得到此本的品古斋，同时收购的还有两种宋拓《皇甫诞碑》和《集王圣教序》，《皇甫诞碑》也是欧阳询书，据说流到日本，《集王圣教序》则不知下落。三种拓片都是相同的装潢，这种装潢叫库装本，后来也叫漏镶本。这是明代宫中大库藏帖的标准装潢。民国建立后，紫禁城的前三殿被民国政府接收，其中许多藏品被太监带出宫，以贱价销赃。地安门以近皇城而成为集散地。

祖父不仅为此拓本写有长跋，还写了题北宋拓九成宫醴泉铭绝句十首，其中第九首说的是册页外锦的花纹，题签的书风，"梅蕊姜芽间縠纹，绯衣长护吉祥云。装潢未改宣和样，六字书签宋八分。"

第十首记裱褙的格式，"古墨成花字亦香，扪来触指有锋芒。薄施褙纸匣中陷，却被时人唤漏镶。"

得到此本是秋天，第二年有一个姐姐出生，祖父嵌了一个醴在她的名字里，就是纪念这件事的。1995年故宫第一次展出这本拓片，姐姐特别高兴，在展柜旁拍了一张照片，说："跟我的魂合个影。"

祖父的一生，因习书而关注古人之法，他对古代碑帖墨迹的关注与收集始终围绕这个目的，在临写中由心慕而手追，用古人的实践矫正自己偏颇处。

有一本褚遂良《慈恩寺圣教序》是父亲小时候

1995年朱翼盦先生捐赠碑帖展，左起朱传栘、朱传梓、朱传荣、朱家溍、朱家濂、朱家源、朱传楷、朱传棣

得到的，祖父在拓本后题字说，"四儿年九龄，尚不知书，见兄辈各有所获，乃亦向予求索，检此付之。此汝外祖简盦侍郎所遗，虽非旧拓，而精神尚足，且经尔父临写，不可不重，尔其识之。"拓本的年代并不早，但这是祖父在刚刚结婚时，他的岳父张仁黼先生送给他的，祖父带在身边有二十年时间，"褚公书法，意在笔先，须凝神默会，识其起落之迹，期下笔时方能得其仿佛。盖河南探源六书，别开生面，一笔一画，无不与篆籀相通。非博极古法，从秦汉碑版中咀其神味，庸有幸获耶？"

褚遂良书《慈恩寺圣教序》

祖父的悟性好，搜罗有力，这些成为他拥有宽泛的样本与比较的可能，但用功之勤也是至关重要的。用父亲的话说，一生致力于书，无日不亲笔砚。

《欧斋石墨题跋》中不仅有对古法的体会，也时时可见切中要害的批评。他说自己中年以后曾经酷嗜董其昌，"然摹拟未善，每流于拘挛，恐致痴冻蝇之讥"，董之书法是出自徐浩，所以爱董字须得以徐浩作为解药，才得以纠正，古人是师，是法，是镜，也是药。

保持足够的清醒，才能有足够的辨识力，对古

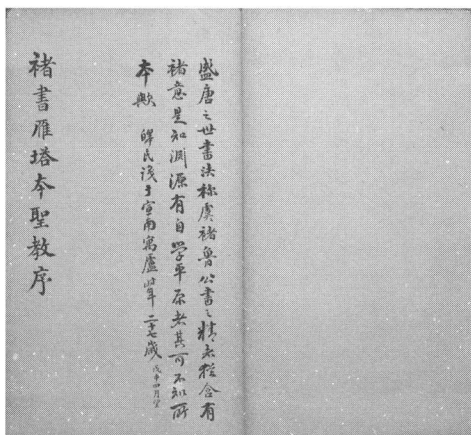

册首页朱翼盦先生跋

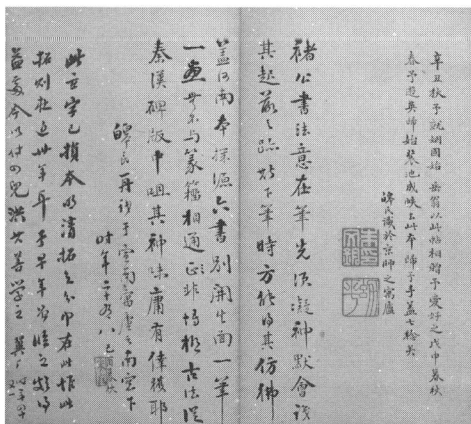

册后朱翼盦先生跋

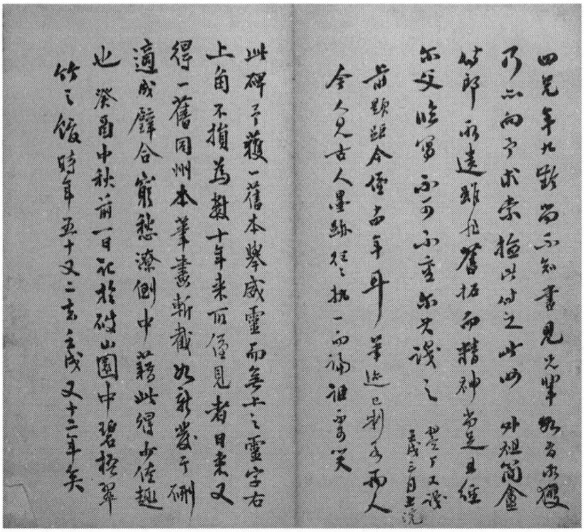

册后附页朱翼盦先生跋

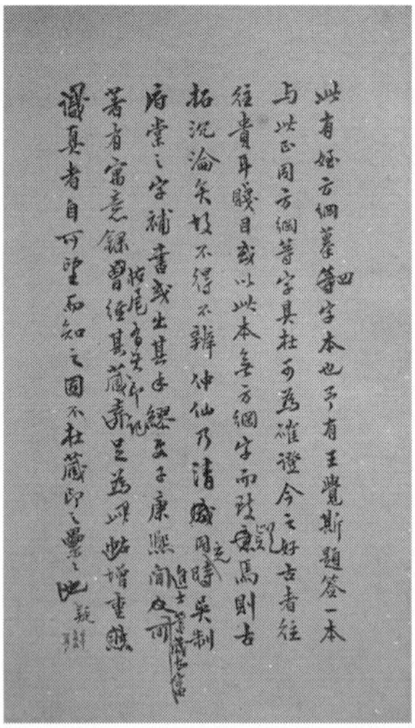

册后附页朱翼盦先生跋

人，对自己。浸染于古，是为懂得古的好，并用这好来滋养自己。

"天与厥福，永享年寿"

父亲一辈兄弟四人在注重文史与艺术的家境中长大，中学期间，除学校功课之外，在家要背诵经书，点读《资治通鉴》，学做诗词。父亲也不例外，但父亲在中学里数理化不好，有时不及格，自己知道无法交待，曾经积攒早点钱在暑假偷上补习班，才勉强通过高中毕业的会考。考大学时先是兄长让报考唐山交大和北洋大学，连续考了两年，还是进了辅仁大学的国学门。在四兄弟之中，父亲的字远不如大伯父风姿卓越，大伯父的书法勤奋之外有自己的天才，父亲有的是练才，只要勤习，即有变化，稍一懈怠，立刻退步。父亲写字，不愿意让人围着，常说的一句话就是你看着写不好了。如果是写比较大的联匾，会反复斟酌，写好了还会请二哥或者三哥来看看，会问哥哥，还立得住吗？出差在外，常会有人求字，父亲是有求必应，总是说，这没什么，秀才人情纸半张。但遇见有人明确要求写一张难得糊涂的时候，父亲就会脸色一正，说，你身为国家公务人员怎么能用这样的话当座右铭。给公务人员写字，常写的是张迁碑的隶书，有时是较长的一段，"国之良干，垂爱在民，蔽沛棠树，温温恭人，乾道不缪，唯淑是亲，既多受祉，永享南山，干禄无疆，子子孙孙"，有时是四个字"国之良干"，或是"永享南山"。一来张迁碑是著名的汉碑，在书史上是由篆入隶的典型，二来祖父旧藏曾有珍贵的明拓"东里润色"不损本，他临习久，有感情，第三也是最重要的一点，是父亲对人的社会责任是有期许的，他自己不说难得糊涂这样的话，也不愿意别人说这样的话，或是这样想。

2013年院中决定要以萧山朱氏捐赠碑帖展览的形式纪念父亲百周年诞辰，曾特别关照，对藏品有要求可以提，包括一级品。一级品不超过全部展品的百分之二十是院中固有制度。因此，围绕百分之二十也会成为新闻关注的焦点，报道中屡有耳闻，"……本次展览破例提供超过百分之二十的一级品……"，既为制度，存在的首要意义应该是遵守，作为女儿或故宫的职工，我都不愿意破例。

虎坊桥正乙祠戏楼与菖蒲河公园东苑戏楼都有父亲写的台联，正乙祠的是"演悲欢离合当代岂无前代事，观抑扬褒贬座中常有剧中人"，东苑戏楼的是

"有声画谱描人物，无字文章写古今"。

这是两处原来多次看过演出的剧场，剧场都是按照传统式样修的，台联都是父亲写的，联文并不出自父亲，是民间古来流传的，却仍然以精炼的文字警醒着娱乐中的人，这也是父亲惯用的方法，沿用曾经人人熟知，现在却不流行的说法，让教化继续。

在碑林博物馆，为筹备本次展览做影像的采集，同行中人不止一次发出 "这是我的多宝塔"、"这是我的颜勤礼"，轻声的喟叹之下，是心里一次说不太清楚的感动。无数次临写的那些句子，就在这里，在石头上静穆的反射着好天气的光线。

让我想起也是祖父给父亲的另一件拓本，"礼器碑二册，阴侧俱备。为予十四年前所得。拓手极精，盖雍乾时洗碑精打之本，与明拓无甚出入，惟间有笔画略损耳。学者得此习之，亦良不易，讵可以古董眼光视之乎？四儿今年六月二十日值及冠之年，以此予之。碑文末云'天与厥福，永享年寿'，语极吉祥。汝其善承嘉锡，毋坠世守。癸酉（1933年）六月二十日父翼厂题记。"

大概就是基于这样的意思吧，我们想要纪念一个人，办了这样一个展览，为了这个展览，我们到曾经的唐朝去，在那里找寻或者清晰或者残损的原石，去印证历史或者并不完整的存在。

善承嘉锡，毋坠世守。

欧斋墨缘①

按，2014年，出版《故宫藏萧山朱氏碑帖特集》时所写后记。

我的祖父朱翼盦先生邃于碑帖之学，以三十年之精力，搜集汉唐碑版七百余种，多罕觏之品。祖父曾以重金获今所能见之最先拓本《九成宫醴泉铭》，因此自号欧斋。此次展览及图录之命名即源于此。

祖父生前与故宫博物院院长马叔平先生有约，身后将以所藏全部碑帖归诸故宫博物院中，以免流散。1952年，我父亲兄弟四人，朱家济、朱家濂、朱家源、朱家溍，在祖母率领下以欧斋所藏全部碑帖捐

①此文原标题《〈欧斋墨缘——故宫藏萧山朱氏碑帖特集〉后记》

左起朱家源、朱家济、朱家濂、朱家溍，前坐祖母

赠国家，以践祖父与马院长之约。这七百余种碑帖于1954年正式入藏故宫博物院，成为故宫博物院碑帖藏品中重要的组成部分。

本书共收录一百二十一件碑帖，其中一百件为本次"欧斋墨缘——故宫藏萧山朱氏碑帖特展"选用文物，将会作为展品与观众见面，另有二十一件为展览备用文物，一并进入本书以飨读者。

我的祖父朱翼盦先生生前即以鉴别精审、取舍谨严名于世，但涉及研索考订的文字一直未能面世，至1990年，署名朱翼盦的《欧斋石墨题跋》由书目文献出版社（今国家图书馆出版社）首度印行，正度三十二开本，小小一册，灰色的卷草纹封面，凡一百五十页。其时父亲一辈兄弟四人已经成为三人，所以后记中说："溯自丁丑之岁，先人逝世，于今将五十年矣。碑帖捐献以后，长兄亦于十年动乱中不幸病故。先人所撰石墨跋尾，虽已抄录留稿，久置箧中，惧或又遭鼠啮虫蚀之灾，因取旧帙重加校正，理董成编。仅题其首曰《欧斋石墨题跋》，并附碑帖目录，以见收藏全貌。其有前人题跋者，亦并缀于每目之后，用供征考。"

1995年，故宫博物院举办"朱翼盦先生捐赠碑帖精品展"，这是欧斋碑帖自1954年进入故宫文物库房之后的第一次展览，也是生于1957年的我第一次与欧斋所藏见面。开幕时候，父亲与两位伯父都很高兴，带我们站成一排合影。祖父购买《九成宫醴泉铭》是1932年，1933年有个姐姐出生，祖父在她名字里嵌了一个醴字做纪念，这个姐姐看见展柜中的拓本特别高兴，说："跟我的魂合个影。"那天的场景我一直记得。上一辈人谈论展览的话我当时还不能听得明白，看见长辈高兴我也高兴，有点像小孩过年。

1997年，我的二伯父朱家濂去世。

2002年，故宫博物院以纪念祖父一百二十周年诞辰为题，举办了第二次碑帖展。

2003年，先是我父亲，然后是我的三伯父朱家源相继去世。我的上一辈人都没有了。

2006年，故宫学术文库启动，祖父朱翼盦先生的《欧斋石墨题跋》作为其中一种，由紫禁城出版社（今故宫出版社）出版。

2008年，《故宫博物院藏文物珍品大系》（简称六十卷）中的名碑（帖）善本出版。以大型画册形式展示故宫藏碑帖这是第一次，其中也着重介绍了萧山朱氏捐赠一项。

《欧斋石墨题跋》的配图版是我经手做的，起因是两次欧斋捐赠碑帖展，有了一定数量的图像积累，展览是有时间限制的，我问父亲，出一本有图的《欧斋石墨题跋》行不行？父亲很支持。书的字数不算多，我自己录入，用意是以抄书的方法使自己熟悉这些乍看起来奇特的名词组合。另对藏者跋者的姓名、字、号等作了力所能及的注释。

2014年9月，这部《欧斋墨缘——故宫藏萧山朱氏碑帖特集》将与展览同时面世。

两版《欧斋石墨题跋》

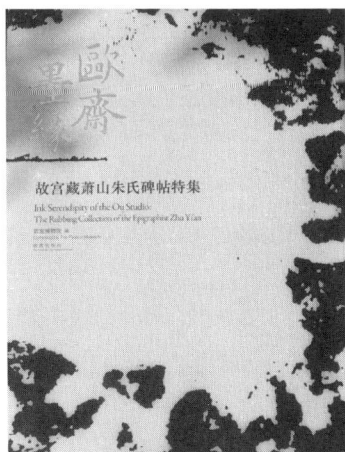

2014 年故宫出版社出版《欧斋墨缘——故宫藏萧山朱氏碑帖特集》

欧斋收藏有这样两个特点，碑帖名碑名帖多，经历金石名家递藏题跋多，针对这两个特点，本书的编著者采用述而不作的方式，直接以近现代金石专著和文献中的评语作为图录文字的构成，在一碑一石之上，提供了中国文字历史的相关坐标点。并标注确切的引用版本，给研习者以极大的便利。为了能够最大限度地记录并展示碑帖原状和收藏者甄别、考订版本的过程，欧斋题跋、题签乃至函套均给予图像，这些细节是以往著录中未曾尝试过的，也体现了编著者的用心。关于碑帖本身，将尽可能呈现最多最详尽的细节，石的剥泐痕迹，历代考据纷争的笔划，纸本上的印签题字，题跋的草稿。这些都远超出展览所能够呈现的内容。

1995年到2014年，十九年中，我与欧斋之间，从蓦然初对不知所云，到懵懂未消发心为题跋配图，借助电子影像的便利，数度细读题跋，对祖父或工或草的笔体渐渐熟悉，对书史书家的分析论述，也慢慢有所了解。

2014年5月，我曾在西安碑林见到《道因法师碑》碑，这也是欧斋有拓本的名碑之一。碑中有"风树不停，浮生何恃"之句，令人深思。我的长辈们都已经

2014年我与此书责编王静在"欧斋墨缘"展览上

离开了，天人阻隔不能再见，更不能向他们发问，让他们解惑，是伤感的。但能有机缘接近欧斋，让我用阅读的辨认的方式去和长辈谈话，体会渐渐增长的亲近感，是始料不及的，成为我人生最大的福祉。

1990年出版《欧斋石墨题跋》时，是我的祖父诞辰百年，后记的最后一句话是"兹为纪念先父百岁诞辰，即将托诸铅椠，借广流传。苟能有裨益当代古石刻之研究，则先人一生心血所寄为不泯矣"。署名是朱家濂、朱家源、朱家溍三个人。

这也是我想要说的。

以享以祀，以介景福[①]

2014年是我的父亲诞辰百周年，故宫博物院以"欧斋墨缘——故宫藏萧山朱氏碑帖特展"以及三种出版物作为对父亲的纪念。三种出版物分别是《欧斋墨缘——故宫藏萧山朱氏碑帖特集》、《宋拓九成宫醴泉铭》与《萧山朱氏旧藏目录》。

因为我家祖籍浙江萧山，所以习惯上常用萧山朱氏代称我的祖父朱翼盦先生和他的收藏。《萧山朱氏旧藏目录》系由旧稿《介祉堂藏书画器物目录》、《欧斋藏碑帖目录》与《六唐人斋藏书目录》构成，原是我父亲朱家溍与三位兄长朱家济、朱家濂、朱家源编写的，是祖父所藏文物的不同门类的一份记录。

---

① 此文原标题《〈萧山朱氏旧藏目录〉出版说明》。

208

朱翼盦先生，名文钧，字幼平，号翼盦。生于光绪八年（1882）正月十三日，卒于民国二十六年（1937）阴历五月十九日。

祖父学问渊博，鉴别谨严。所藏法书、名画、铜、瓷、玉、古家具、古籍善本等无一不精。

1937年夏天，祖父去世不到十天，七七事变，北京沦陷。目录的编纂就开始于这个时间。我的父亲朱家溍先生曾在《六唐人斋藏书目录》的序中记述当时的境况，"家国之变集于一时，余兄弟四人闭户侍母，且日忧横祸之来。母诫诸子曰：'汝父所遗惟图书文物耳，倘侥幸不遭掠夺，俟否极泰来之日，愿遂汝父化私为公之宿志。今汝辈守礼家居，亟宜将图书文物登录编目，俾使寻检，亦收藏家之要务也。'于是诸兄率余逐日登录，自丁丑秋始，戊寅夏竣事。"

1973年，我父亲办理提前退休，得以从干校回京，有数年闲居的日子，他把《介祉堂藏书画器物目录》、《欧斋藏碑帖目录》与《六唐人斋藏书目录》用小楷誊录，又请旧书业的朋友魏广洲先生装潢成册。

1990年书目文献出版社（今国家图书馆出版社）出版了以朱翼盦署名的《欧斋石墨题跋》一书。《欧

朱翼盦先生旧宅书房。1976 年，父亲兄弟三人将家藏善本古籍捐献给中国社会科学院历史研究所。

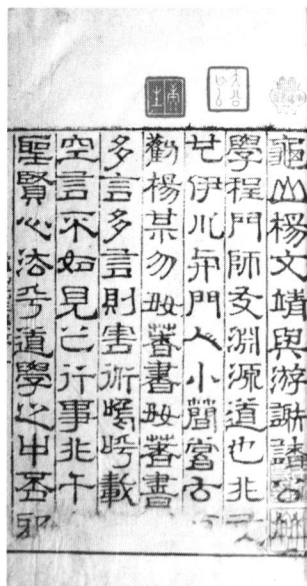

朱氏藏书曾在文革期间被康生掠夺，文革后落实政策发还的书上钤有"康生"、"大公无私"印。

介祉堂藏書畫器物目錄

歐齋藏碑帖目錄　朱翼厂先生兩藏　後學啓功敬署

蕭山朱氏六唐人齋藏書錄

启功先生题写书签三种

斋藏碑帖目录》作为此书的附录面世，但未出现原稿上购买价钱一项。

1993年《收藏家》杂志创刊，曾以《介祉堂藏书画器物目录》开始，继而是《欧斋藏碑帖目录》，到1998年，《六唐人斋藏书目录》结束，前后用五年时间连载了这三种目录。其中《欧斋藏碑帖目录》刊出，恢复了原稿上购买价钱一项。

三种旧稿中，《介祉堂藏书画器物目录》与习见收藏目录有别。不是单纯的名称排列，而是随着室内空间的变化，家具的位置次第呈现，能够在一览收藏内容的同时，给人身临其境之感。这种著录方式源于清宫陈设档案，想必是在呈现方式上深得祖父与父亲的嘉许，才会效仿吧。

2004年紫禁城出版社（今故宫出版社）出版的《明清室内陈设史料选辑》一书（出版时易名为《明清室内陈设》），因清代民居部分史料缺乏，《介祉堂藏书画器物目录》的内容也曾作为室内陈设的例子收入附录。

古人常以"彩云易散"形容好景易过，父亲一辈兄弟四人，用收藏目录这样一种至简的方式，记述了曾经有过的"无或逾此完且美也"的胜景。在时过境迁之后，仍然用个人所能尽到的努力，校理誊清，装订成册，以对美和好的存念，传达对子孙后代的祝福。

辑三目录为一书，冠以萧山朱氏之名，意即不负如此丰富的古代艺术品曾经有过荟萃一堂的经历，不负祖父一生心系于文物，却不为物所囿，始终存有嘉惠士林探讨学术的念想。亦不负父亲一辈兄弟四人能够秉承先人意愿，践行先人承诺，用诚心、诚信与坚守为子孙后代留下为人子为人父的榜样。

目录原文除对个别传写中的错讹予以纠正之外，基本保持首次发表在《收藏家》时的面貌，包括原来的编者按语和作者按语，也包括可能是漏排产生的不合理处，因为编著者与文字所记录的实物均已成过往，不复编纂目录初始状态。唯《六唐人斋藏书目录》中所有图书除书名上有"◎"图记者已归中国国家图书馆入藏外，全部于1976年捐赠中国社会科学院历史所入藏，但三十八年来始终未闻有正式编目面世，无从查询。此次收入本书中的《六唐人斋藏书目录》特请故宫图书馆朱赛虹女士审校，在保持私家藏书目录原状的前提下，对藏书者、刊书者的室名别号稍加规范，也期待着能为日后重新编目整理并服务学术有所裨益。

能以责任编辑之职，参与编校，回望前辈所为，高山仰止，虽不能至，心向往之。

以享以祀，以介景福。

一张合影

因为被人问了一个有关古玩铺的事情，让我记起看过的一张老照片。

一张合影

第一次看见这张照片，父亲还在，不知是谁翻拍了送给父亲的。是一张很多人的合影，几乎全部是长袍马褂，放在书柜里。2014年8月，《紫禁城》杂志做了纪念父亲百年诞辰的专题，其中，马玥佳《朱翼盦先生与厂肆碑帖》一文，引用了这张旧照片。

合影上有很清楚的楷体字，按照合影的排列自右向左依次写的，人是三排，名字也列成三排。落款是"志青冯汝玠题"。

内容如下——

庚午九月念二日

后排

武琴轩四十六岁　　薛子久四十三岁　　杜华亭四十九岁　　韩少慈五十二岁　　黄伯川五十一岁　　孙静庵三十九岁　　刘廉泉三十六岁　　张彦生三十岁

中排

杨润芝五十岁　　张效彬四十九岁　　孙伯恒五十岁朱幼平四十九岁　　韩敬斋五十五岁　　杨伯衡五十岁江汉宸四十四岁　　祝荫庭三十二岁　　龚展虞四十岁

前排

钟玉初五十五岁　　龚景张六十六岁　　刘竹溪七十二岁　　白五楼七十四岁　　赵佩斋八十五岁　　李新吾七十三岁　　李霖卿六十六岁　　冯志青五十六岁　　贾承伯五十九岁

志青冯汝玠题

总共二十六个人，有照相时间、姓名之外，还有年龄，这是很特别的。用照片上的姓名搜索，发现是《中国文物报》2001年6月17日刊登过，收藏鉴赏周刊中有一个栏目叫老照片，文字应该是编辑或记者根据采访对象的口述记录下来的，并未署记录者的姓名。

原文如下——

这张照片是原北京文物商店职工刘承玉先生（今

朱翼盦先生和厂肆碑帖铺掌柜

年八十一岁）珍藏。他说："这是1930年琉璃厂古玩
商和有名的收藏家们为了在美国经营古玩的龚展虞
（照片中穿西装者）举行接风宴会的合影。"据刘老
和文物公司退休职工孟宪武老先生（现年八十二岁）
回忆，在场的收藏家有冯志青（前左二）、朱幼平
（中右四，是著名清史专家朱家溍先生之父）、张效
彬（中右二，是朱家溍先生的舅舅，当时在中国驻苏
联大使馆任职）。在座的古玩商有茹古斋的白五楼
（前右四）、大观斋的赵佩斋（前右五）、博韵斋
的杨润芝（中右一）、商务印书馆的孙伯恒（中右
三）、博韫斋的杨伯衡（中右六）、铭珍斋的韩敬斋

（中右五）、论古斋的江汉宸（中左三）、虹光阁的杜华亭（后右三）、韵古斋的韩少慈（后右四）、尊古斋和通古斋的黄伯川（后右五）、庆云堂的张彦生（后左一）、刘廉泉（后左二，是刘承玉先生之父，当时在德宝斋当伙计，1935年自立门户掌管榷古斋）、古玩爱好者祝荫庭（中左二）。

刘承玉的父亲刘廉泉是合影者之一，他本人也承袭父亲的职业，始终没有远离这一行的人与事。

刘廉泉

在父亲这一辈人的闲谈中，刘廉泉的名字听得最多，知道他原是"德宝斋"的伙计，后来自己开了"榷古斋"，匾还是祖父写的。祖父所收的四王吴恽之画，多是经过他手的。最有意思的其实是，祖父的收藏广蓄博采，无不精善，但限于资力，拆东墙补西墙的事情很多，举债事也时有发生，因为他是山西人，与北京的山西银号熟悉，祖父借贷多经其手。这一层关系在琉璃厂铺子里是大家都知道的，所以，才能有《蔡襄自书诗帖》的失而复得的传奇发生。

照相时候，1930年，他三十六岁，身边的张彦生也只有三十岁，在琉璃厂，他们都是小字辈，所以都

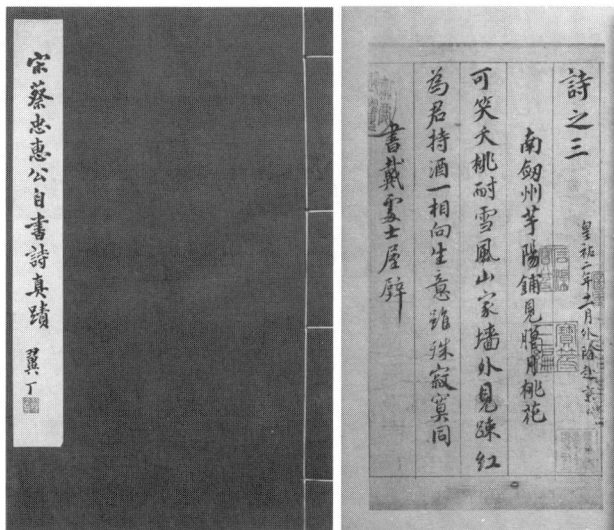

朱翼盦先生自题写签　　　　　　影印蔡襄自书诗首页

站在第三排。

　　《蔡襄自书诗帖》曾在我家收藏二十几年，又在张伯驹先生家十几年，后随展子虔《游春图》、陆机《平复帖》等名迹一起捐献给国家。自此以后，蔡襄此帖便入藏故宫博物院。

　　家里有一册蔡襄自书诗卷的印刷品，题签是祖父写的，叫做《宋蔡忠惠公自书诗真迹》，卷后祖父跋语中即有刘廉泉姓名。

朱翼盦先生的跋语

父亲在《从旧藏蔡襄自书诗卷谈起》一文中解说的更具体——

此帖跋语中有"壬申春偶因橐钥不谨竟致失去，穷索累日乃得于海王村肆中……"之说，是指1932年此帖被我家一仆人吴荣窃去后又复得之事。吴荣窃得此帖，便拿到一个与我家没有交往的古玩铺"赏奇斋"求售。掌柜的一看便知道是从我家窃得的东西，遂表示只肯以六百元买下，否则就报告公安局，吴荣只好答应。"赏奇斋"掌柜把上述情况告诉了"德宝斋"掌柜刘廉泉和"文禄堂"掌柜王措青，并请他们通知我家。刘王二位与先父商议，认为最佳办法是不要追究吴荣，而尽快出钱从"赏奇斋"把此帖赎回来。先父一一照办。此事如无"赏奇斋"与刘王两位帮忙后果就不堪设想了。所以除偿还"赏奇斋"六百元垫款外，我家又赠掌柜的一千元作为酬劳。此帖拿回后先父就决定影印出版，当时他是故宫博物院负责鉴定书画碑帖的专门委员，于是就委托故宫印刷所影印，命我把此帖送到东连房（印刷所的工作室），由经理兼技师杨心德用十二吋的玻璃底版按原大拍照，张德恒（现在台北故宫）冲洗。这是此帖第一次影印发行。

品古斋

祖父学问渊博，鉴别谨严，与古玩铺打交道诚实公允，向不取巧。遇见珍稀可宝贵的东西，一定会直言相告。人缘好也就是这么来的。

地安门大街桥南路西有一家"品古斋"，掌柜姓郑。这是北城唯一的古玩铺，内府散出文物，多半直接进入"品古斋",另外,北城的王公将相第宅多,落魄的纨绔子弟也把这里当做销售场所。因此在"品古斋"常有出乎意料的精品,以至于琉璃厂和东四牌楼一带的古玩铺也时常到这里来找俏货。我家当时所住的帽儿胡同,在地安门大街的桥北路东,与"品古斋"一街之隔。蔡襄《自书诗》卷,即是这一时期流出宫中,由"品古斋"送到我家的。跟"品古斋"的往来,延续的时间最长,也还是因为离得近吧。

还有一件事,也是在父母的讲述中当成笑话听过的。时间大概在50年代后期,应该是"三反""五反"运动已然结束,家藏的七百余种碑帖已经捐赠故宫博物院,父亲又回到业务部上班,以个人的经历来说,算是劫波初定吧。

"品古斋"小徐来了。见了面,没外人,还是称呼"四爷"。说会儿闲话,当然总要说到——还有什么可以出手的东西,这个时候还能到家来的(伙计)已经很少了,父亲说,这都什么时候了,哪儿还有什么能出手的,您看着这屋里还有什么。小徐不急不忙,指着书案上的一件小摆设说,我也不让您找别的了,就这个吧。这工够多好。您要让给我们柜上,今儿我也知足了。父亲笑着说,行,归你了。及至伸手摸到，呦的一声，真是白菜。而不是他以为的象牙雕刻的小摆设。这才一笑罢了。

父亲每次讲到这儿，自己会笑得用手揪住领口，好像怕谁胳肢似的。

现在想起来，这时应该是已经过了春节，储存一冬天的大白菜开始长"娃子"，所谓"娃子"就是根部发出的芽，形状和大白菜一样，只是小，又因为没有见过光，颜色质地真如象牙一样，只是比象牙更加滋润。发现的越早，越小巧。掰下来，用一点水养着，是冬尽春来时候的天然盆景，每一年不一样，每一株也不一样。一天天长大了，会开出娇黄色的花，坐在桌旁能闻见细细的香，带着一点苦。书案上摆着的就是母亲做饭时发现的菜娃子。这是北方冬天过日子的一点乐趣。

也是按语

　　21世纪的元年，文物出版社提议为文物工作者中的数位老年人，如启功先生、王世襄先生、徐邦达先生和我的父亲朱家溍先生，各出一本画传。父亲因为还担任着《故宫博物院藏文物珍品大系》六十卷和《中国美术分类全集》的工作，未敢应承这一全新的写作。之后，文物出版社又提出，让我替父亲写。我和父亲商量，由他口述，我来记录整理，正文用第一人称，是"叙"，按语是"议"，是记录者的看法。希望呈现给读者的是一种夹叙夹议的传记形式。

　　2003年春天，父亲在三零五医院的治疗即将告一段落，出院之前的一个上午，父亲和我很平静地谈到他的病和之后的事情。说，这回是过来了，也有可能过不来，你想到了没有？

　　我说，想到了。

父亲又说，总有一回就过不来了，那时候，你记着，不开追悼会，不用别人总结我。也不做遗体告别，想参加告别的人都是日常亲近的人，看见我那样儿多难受，不用。真要开，就开个座谈会就行了，就用平常家里摆的那张照片。把我唱戏的录像放放，就跟我给你们唱堂会似的，多好。

再一个，就是手里没干完的几本书。这几本书里，造办处档案给林姝，她有兴趣，非常上瘾，这我放心。

室内陈设这本（父亲原定的名字是《明清室内陈设史料选辑》，2004年出版时被改成《明清室内陈设》）就按你的想法，再多配点儿能说明问题的图，你认为应该加解释的词汇就用括号随文加在后边。

《欧斋石墨题跋》也差不太多了，小的文字上的问题问你六哥，大的问施安昌。

现在八字没一撇的就是这本画传，咱们应了人家，一定得交。当初咱们设想的那样是做不到了，也可以有个变通的办法。《故宫退食录》里有涉及到各个年龄段工作生活的文字，都可以用，中间有接不上的，再写点，也就只能如此了。倒是找图是个事，把图集中起来，还得确定在书里的位置，回家以后咱们俩人集中精力干这件事。

出院后，集中各种新旧照片，有底版的直接洗扩，有的只有照片，没有底版，就翻拍。这本书的图说与通常书中的图说有较大的不同，不拘一格，因而也自成一格。至于执行记录的我，在当时仅仅佩服父亲对经历过的事件、时间、人名等内容能脱口而出，对于精简的文字中所具有的还原历史，记录人物这些特点，并未对此有足够的体悟。

2003年9月父亲去世。

2003年12月《中国文博名家画传——朱家溍》问世。

按语有，不过少，达不到设想的夹叙夹议，细心的人发现，有很多内容是原来已经收录在《故宫退食

2003年文物出版社出版的《中国文博名家画传朱家溍》

在丹江"干校"时与文博讲习班在武当山金顶的合影

录》中的篇章。是父亲的病改变了最初的设想，所谓
"变通"只是没有办法的办法。

父亲去世之后，再读画传，每每有不同的感受。
按说，我对画传里的图和图说的内容是熟悉的，但总
会有一些新的东西被感觉到，让我对父亲又多一点了
解，对父亲生活过的时代也多一点了解。譬如：

图五九——在丹江时"干校"与湖北省文博系统
建立了很好的关系，唐兰、罗福颐、徐邦达和我都为
省内博物馆人员讲授过专业课。这是讲习班在武当山

金顶的合影。

时间是上一世纪的70年代，"五七"干校时期，照片中的人是父亲与讲习班学生，图说点明这是一次较长时间的正式却仍然特殊的合作，不止他参与了，还有我们耳熟能详的一些人也曾参与。

再如：

图一〇七——杨讷在避暑山庄。杨讷是三哥在社科院历史所的同事，也是我们兄弟的忘年交。和别的认识他的人一样，我们都不叫他名字的本音，而叫"杨那"。因发还抄家文物的过程带上了种种出于情理之外的干扰，杨讷为使我弟兄避免屈辱，自告奋勇出任被抄家家庭的代理人，亲历了一系列今人不能想象的曲折，使发还成为事实。明清家具和古籍善本后来能够各得其所，也全仗杨讷周旋。所以捐献明清家具之后，受避暑山庄邀请游览，除我们兄弟三对夫妇之外，还有杨讷。他是特殊年代的亲历者与见证者。

杨讷80年代从历史所去了北京图书馆任副馆长，也就是今天的国家图书馆，直至退休。他的名字被

杨讷在避暑山庄留影

我家两辈人熟知并记忆。这一段图说，有历史，有人物，有不言自明的感念之情，甚至还有一点幽默。如世说新语一般。

《画传》出版之后，辗转知道他到国外与儿子团聚，不常回来。一晃十几年过去，过去的联系方式已不可再用。一个偶然的机会，和朋友说及杨讷，竟然犹如天助一般，得到了他在北京的电话号码，打电话时恰逢他回国处理事情，哥哥姐姐和我因此竟然见到了差不多三十年未见的故人。父亲和两个伯父天上有知一定也很欣慰。

1947年，父亲入职故宫博物院不久，曾向兼任文整会主任委员的马衡院长请求，请文整会发给一件公函，可以到城内各处的府邸第宅调查，在室内外拍照，并作专业文字记录。还向马衡院长保证，不占用在古物馆的工作时间，只是利用每周日的休息时间，马院长答应考虑。但时局变化很大，院长要往南京分院处理公务，这件事也就搁置下来了。父亲不止一次回忆，"当时北京第宅面貌，还有很多处是从大门外到各院落和房屋内外檐装修，都还保存着原样。如果当时开始这项工作，就可以留下一部相当完整的北京第宅史料图录，遗憾的是没有这样做。"

图六六——与我在鼓楼上合影的是谭伊孝同志。因为编辑《北京文物胜迹大全·东城区卷》与我相识。为北京的老建筑作档案是我几十年的心愿，原以为不会有实现的一天，但经她的努力却实现了。书成时，她是四十几岁的人，现在去世已经有六七年了。

谭伊孝，任东城区文化文物局文物科科长兼文物管理所所长期间，主持了调查、编撰《北京文物胜迹大全·东城区卷》的工作。1996年去世，终年五十二岁。"此书不仅收入东城区的重点第宅，而且连同东

城区的名胜、史迹、坛庙、学宫、衙署、祠堂、庵观、寺院等等给予著录，真使人高兴。" （引自父亲为此书写的序）

时至今日，在网上搜索原属东城区的古迹或旧宅院，都会出现谭伊孝的名字，以及《北京文物胜迹大全·东城区卷》书中的记载。城作古了，城的记录者，和自己女儿年纪相仿的人，也在眼前作古了，怎不让人痛惜。

图六七——在台北"故宫博物院"保管部。一句"我亲爱的故宫的同事们"的开场白竟得到了大家热烈的掌声。

1994年，父亲受国家文物局委派参加大陆文博界第一个代表团访问"台北故宫博物院"，当时两岸间交流除海协会负责人外，尚无高层政府人士造访台湾，互信程度不高，文物交流合作只限于"民间对民间"，团长张德勤时任国家文物局局长，访问身份却只能使用"中华文物交流协会会长"的头衔。行前全团讨论与台湾文物交流的方针时，父亲建议成立一个学术委员会，吸收两岸学者共谋大计。"两岸故宫的交流，先从一点一滴做起，比如我们的陶瓷片重复品很多，而他们视为宝贝，我们可以拨给他们一些。独一无二的东西，可以复制一件给他们，如我们复制展子虔的作品，他们复制米芾的，相互交换。台方要借几个兵马俑，也是可以考虑的。总之，我们要把台湾当作自己的一个省，把台湾同胞当成自己人。"

到"台北故宫"参观，父亲看到清宫旧藏的孙过庭书谱，一时感慨万千，1943年在重庆布展时经手的珍品，五十年后再度重逢。《民生报》曾以"故宫博物院　隔海故人来"为题，发表专稿，介绍父亲的身世、经历、学术专长等内容。压题照片正是父亲俯身细审柜中孙过庭书谱的形象。隔海故人的身份，让参加演讲会的台北同仁本来已觉亲近，所以才会对父亲的开场白　"亲爱的故宫同事们！"报以四起的掌声。

图六九——为了不影响观众参观，《国宝》一书中"大禹治水"玉山子是在夜里拍摄的。这是当时的工作人员合影。

1983年年初，父亲接到主编大型图书《国宝》的工作，2月签订合同，确定编辑体例、分门别类撰写

1983 年拍摄"大禹治水"玉山子时工作人员合影

在 2014 年的碑帖特展上，周苏琴与昔日的自己合影

词条，同时每天要完成预定数量的文物提取与拍摄工作，当年10月出版。出版的速度、质量的优良、市场推广的精准，都给父亲留下了深刻的印象。这一年的紧张忙碌也给我们全家人留下了深刻印象。对于我来说，一张工作合影，大家笑得那么欢畅，那么自然，这是最引起我兴趣的地方。因为常常见到周苏琴——她先于我进入故宫，编辑《国宝》时，是父亲的同事，也是助手，催稿，提文物，以及确定拍照日程等一系列具体工作，都是她安排的，属于知根知底的人。她跟我详细谈过这一张照片的来历——

大禹治水玉山子原来也拍过不少次，但从来都是隔着玻璃罩。摘下玻璃罩拍照是第一次，因为珍宝馆是不能停止开放的，所以只能选择下班后拍照，拍完恢复原状，以保证第二天观众照常参观。

拍玉山子的这天是全部文物拍摄的最后一天，小件的都放在前头，困难最大的最后。这天下小雨，我们都穿着雨靴或者解放鞋。晚上，下班后，拆玻璃罩，这几条加起来，需要动用的部门就有工程队，电工班，开放部，保管部，这是几个大的部门。具体有大概二十人吧。

木工要负责拍摄用的脚手架，先搭后拆，玻璃工是为了玻璃罩，先拆后装。电工在断电后时间供电要拉临时电缆，从吃完晚饭开始，大约是七点钟，真正拍摄的工作开始，朱老一一交待细部的内容，关键部位，御制诗和玉山子制作的一篇记，都要详细的拍，胡锤开始布光，等的人都不耐烦了，他还在不断地调整灯的位置，拉片看效果。拍照终于结束，大家都松了一口气，只觉得这个晚上过得太快了。不知谁喊了一声，合个影吧。于是所有的人站在没有玻璃遮挡的玉山子前头，拍下了这张千载难逢的照片。大家笑得开心极了。

只可惜，胡锤仍然在相机的后面辛勤工作。

分置的玻璃被重新安装好，临时照明灯一盏一盏关闭。一道门，又一道门，关好，上锁，加封。所有的人一起朝外走，满心是默契配合的喜悦。

图一二二的图题叫《德胜门大街卖油炸果的人》。老北京的早点摊，油锅冒着热气，油饼（当年叫油炸果）刚出锅，看上去好像信手之作般轻松自然，但图说很明白——

拍照那天因为调整光线的角度，反反复复在油锅旁比划，惹得那卖油炸果（果读"鬼，大都音在北京

德胜门大街卖油炸果的人

话中的遗留）的人笑着说："您别净照相，也买个油炸果好不好。"

　　原来仍是用心之作。好的角度，合适的光线，几乎没有随手就成的，父亲说，发现一个想拍照的画面，最少也要在早中晚看三回，比较不同光线的效果。用他的原话说，且不照呢。

　　而在这样一个有关情景的说明中，还不忘把"大都音在北京话中的遗留"点出来，这是父亲一直的习惯，或许因为我们的家族属于南人入北，对于语言上的差异敏感，或许又因为他的本职工作是博物馆的关系，喜欢追究各种细小而不易解的问题？父亲在世

236

时，没有想到这是个问题，自然也没有问过。

父亲去世后，院中召开了一次座谈会，会场中如父亲所愿，摆放了他的很多照片，有生活中的，有舞台上的。启功先生没有到场，委托学生王连起在会上代读他写的朱季黄哀辞。在哀辞中，谈到了这样一个事实——

辅仁大学的文学院院长是沈兼士先生。沈先生是章太炎先生的门生，音韵学的专家。朱先生选修沈先生的课，这门功课，选修的人不多，因为太难。而朱先生却注意学习，我们觉得很奇怪，后来明白，朱先生在上大学时，已酷爱京剧，专习武生。唱京戏讲究念白，有许多字与古音韵有关，如何才能念对了使戏剧内行同意，也使音韵学家认可，恐怕票友中被尊为"好老"的"红豆馆主"也未必精通。而朱先生却能明白古今音理的变通，这中间的奥秘，恐怕多少"内外行"未必说得透。

启功先生的解释是有说服力的。我觉得。

所谓感悟就这样彼此勾连着，映衬着，你中有我，我中有你。断断续续，若隐若现。记录这些，我不知道对别人有什么益处，对我自己，是父亲去后与父亲继续相处的方式，我喜欢这个方式。

入宝山之路

按，《养心殿造办处史料辑览》重新启动出版之后，故宫青年读书沙龙请我介绍书的大致内容与用途，收入本书时，则补入我所了解的档案正式出版之前的种种曲折。因了曲折，更可见前人之诚心。

2003年夏天，《养心殿造办处史料辑览》第一辑（雍正朝）出版了，正度三十二开的一册小书，是王世襄先生题的书名。病中的父亲看到样书，非常高兴，张罗着与责任编辑和美编照了一张合影。一本选编的史料，既不是父亲的第一本书，也算不上个人著述，这么郑重其事在外人看来有些困惑。

以档案独立成书的选题，即便是在今天，也不是随便一个出版社都愿意做的，这样的内容所服务的读者一定是比较少数的人，书一定不会畅销。书不畅销，就

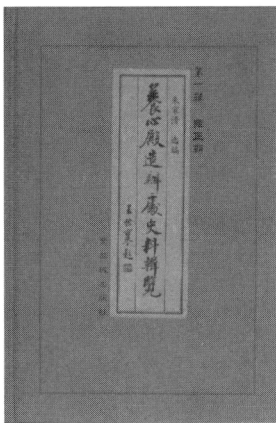

2003年紫禁城出版社（今故宫出版社）
出版的《养心殿造办处史料辑览》第一
辑雍正朝

意味着占用资金。所以，在2003年，紫禁城出版社所
做的是一件鼎力相助的事。而档案的利用与父亲一生
为之服务的博物馆之间，实在是有着太多太重要的关
联。

造办处和造办处档案

造办处设于康熙初年，是直接服务于皇帝的一级
行政单位，所有皇帝交办与制作、设计相关的事情，
通过造办处的长官分发至各相关加工部门，完成制作
后，再经由长官上交给亲王或者皇帝居住宫殿的负责

太监，面呈皇帝听取意见。在这个工作的正常程序中，管理单位和制作单位留下了大量的原始记录。

譬如《各作成做活计清档》和《各作成做活计注销底档》，前者是来活来料的记载，后者是完成后注销的记载。早期的档案满文多，雍正之后，汉文逐渐成为主体。但也仍然会有个别条目或来文是满文的，至于用汉文记下的满文词汇的发音，也大量使用。

故宫博物院成立之后清宫旧藏档案的归属曾经数度变化，造办处档案现存中国第一历史档案馆。在进入档案馆之后的相当长的时间里，这些档案的利用方式只有在馆中阅读原件或者抄录。

父亲对造办处的认识，在不同时期也是不同的。

来到故宫博物院工作以前，初步知道清代宫中有个造办处，制作的小器物非常精致，例如鼻烟壶的錾铜盖，我被告知这种铜镀金的盖是造办处做的。又如宋元瓷器，或旧玉器的紫檀座，造型和刀工都显示出清新而又古雅，座底下刻有楷书填金的甲或乙或丙是标明这件器物的等级。这类器物都是从宫中流散出去的，这类紫檀座据说也是造办处做的。

在我的记忆中有一次比较突出的事情，我的父亲朱翼庵先生从东四大街的古玩店荣兴祥买回一件紫檀木座，是个圆形的，周围雕做四个姿态不同、神气各异的儿童在用力共同抬这个座，四个儿童相当于座的四足。购买目的是为给家中原有一件雍正款的石榴尊配个座。但拿回家和石榴尊试坐一下，发现座子稍大一点，但也满好看的。可巧我父亲的朋友郭葆昌先生来到我家，看见插着一簇芍药花的石榴尊下面这个紫檀座，立刻露出惊喜的眼光，说哎呀！这个座太好了，不是造办处做不出这样的活来，同时他也看出紫檀座的口比石榴尊的底略大一点。当天晚上他又来了，带着他新买的乾隆款仿古铜彩釉尊，他把四童子紫檀座和古铜彩尊一试，竟然严丝合缝。后来在他再三恳求的情况下，我父亲就把这个四童子紫檀座送给他了。后来郭葆昌的儿子郭昭俊把家藏瓷器全部卖给故宫，这个四童子紫檀座随着古铜彩尊至今仍在故宫的文物库房中。当时我对于造办处的印象认为也就是宫中的一个制作小器物或小配件的机构而已。

上面的感受是从生活中来的。进入故宫博物院工作之后就不同。

我在故宫博物院工作的初期是保管陈列不分的，我个人把注意力比较集中在书画碑帖方面。吴仲超院长领导工作时，认为故宫藏品以明清两代的工艺美术品占最大的比重，然而这方面藏品只是保管而没有展开研究工作，是个空白区，于是安排我到工艺美术史部工作。1965年有一次我和档案馆的单士魁先生谈起造办处，他向我介绍，让我看看内务府造办处有关的档册，我欣然接受。在这一年里，我看了许多关于造办处的档册。

父亲说的单士魁是单士元先生的大哥，单家有三兄弟，单士魁、单士元、单士彬，都曾经在故宫博物院文献馆服务，参与清宫遗留档案、文献的整理。单士元师从朱希祖、陈垣，着力于古建保护与研究，单士彬（字文质），以绘事著称。终生致力于明清档案的整理介绍研究的是单士魁先生。

这部分档册的内容是清代工艺美术品和画院画家作品最集中的文字史料，其中有某些作品的作者名姓，成做活计的品名，皇帝对于器物制作的具体要求和意见。故宫所藏清代工艺美术品中有许多件可以在上列档册中找到作者是某人，是某年月日开始设计画样，做模型，某日完成，以及陈设地点等等。某些工艺美术品何以在当时会出现很精的水平？何以会做出表现年代的特色？在档册中都可以找到说明。

"如入宝山，虚往实归"

读档案的这一年，父亲的形容是"如入宝山，虚往实归"。但紧接着"文化大革命"的开始，不仅谈不上研究，连博物馆的正常开放也中断了。当初的父亲大约是在心里盘算了一个计划，对档案做更细致的阅读并与故宫旧藏实物相结合，从而填补清代工艺美术史研究的空白。

对档案的重视与利用从此成为父亲工作的习惯之一，他不仅自己重视和利用档案，也向周围的同仁介绍。

"文革"结束，社会开始逐渐转向正常之后，父亲发表的一系列文章都使用了大量档案，《清代画珐琅器制造考》、《清代漆器概述》、《清雍正年的漆器制造考》、《雍正年的家具制造考》等，《清代画珐琅器制造考》是这一组文章中最早的一篇，在《故宫博物院院刊》发表时，曾有一个副标题，叫"工艺

雍正画珐琅花卉纹寿字卤壶

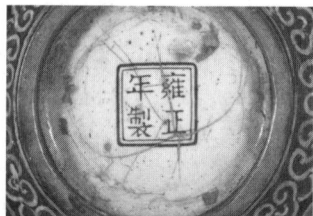

雍正画珐琅花卉纹寿字卤壶款识

黑漆描金山水图壶

美术史料汇编之一"。因为在相当长的时间里，来到档案馆借阅并抄录是很少人才能做到的，而把档案作为独立出版的内容，又因为不会畅销，占用资金，不能为出版社接受。在考证文章中引用，发表在杂志上，似乎是那个时代所能够想到的仅有办法了。而事实证明确实是个有效的办法。

90年代，父亲参加大陆文物界赴台湾访问的代表团时，"台北故宫"的同事告诉他，"台北故宫"筹备珐琅彩展览的时候，因为无法看到档案原件，只能把父亲文章中发表过的档案尽量使用，还不能标注引自大陆出版物，希望父亲谅解。人为隔绝所造成的不便，当然能够谅解，同时也更深地感觉到档案对于现代学术的不可或缺性。

父亲曾经在《清代画珐琅器制造考》中说，"清代的画珐琅工艺，在康熙、雍正、乾隆三个朝代中空前地提高，尤其是雍正年间，造办处从原来采用西洋料，发展为自己烧炼珐琅料九种，是当时西洋料所没有的颜色，这在当时是一个划阶段的新成就，是瓷器史上值得一提的事。研究瓷器的前辈所著《陶雅》及《饮流斋说瓷》，对清代珐琅彩的说法，有些揣测之词在内，后出的专著《古月轩瓷考》，对前人虽有所辨正，但著者自有其不同角度的揣测之词，这是因为过去未发现可靠的史料的缘故。现在从故宫博物院及第一历史档案馆所藏清代档案中，初步搜集到一些直接的、可靠的史料，对于画珐琅器的研究，可使我们脱离过去的那些揣测之词的影响。"

对于古代历史和古代艺术史的从业者来说，历史的过程或细节大部分是缺失的，这会直接影响我们对历史的认识。

行者不绝

正是基于对档案重要性的了解，所以，父亲特别希望能够推动原始档案出版——无论何种形式，总之，目的是一个，希望更多的博物馆从业者，艺术史的研习者都能够有机会阅读和利用这些珍贵的原始材料。

如果以个人力量做选题，最初的设想是先出辑录的各朝档案，当初发表《清代画珐琅器制造考》曾经用过的副标题——"工艺美术史料汇编之一"，体现的就是这个意思。各朝辑录，是为正式修《养心殿造办处志》做准备工作。

父亲整理誊录了自己多年查阅档案的笔记，选了雍正朝作为计划中的第一册。文字部分再三压缩，目的在于尽可能减少书的体量，争取少占用资金。

这部书稿交到紫禁城出版社，也曾经因为"过分专业""印数不大"的理由搁置了好几年，2002年，出版社正式起动，交给当时在院刊工作的编辑林姝。作为本书的责任编辑，林姝真可谓尽职尽责。除鲁鱼亥豕之属外，还对照原档，在文物库房中重新挑选器物，补充父亲的用图，为全书增加了十几张图。2003年8月，《养心殿造办处史料辑览》第一辑（雍正朝）出版。出版后，有一位清代绘画史的研究者，在报纸上大发感慨，过去知道雍正时宫中有画师名班达里沙，但是在画史与文献中搜索起来都不见记载，在《辑览》第一辑中，一口气看到了十四处涉及班达里沙的档案，非常兴奋，大加称赞。

2005年11月，香港中文大学与第一历史档案馆合编的《清宫内务府造办处档案总汇》（1—55册）影印本面世，书的体量巨大，印数也只有二百套。故宫博物院的图书馆和古器物部、宫廷部各有一套。随着网络资讯的发展，近年全书的PDF格式的电子版本也已经出现。看到书，才发现父亲是学术顾问之一。

现在的台北"故宫博物院"图书馆，购买了第一历史档案馆的造办处档案所有胶片，按照原始尺寸放大，并按原始形式装订成册，给利用者极大的便利。

我是2012年退休的，退休前出版社的总编辑赵国英找到我，说造办处档案的课题组已经完成全部乾隆朝档案的选编，标点，因为课题组成员及编辑都有岗位调动而搁置，希望我能接手责任编辑工作。征求我的意见，我的回答是，这项工作是自我父亲开始的，也是他特别关注的，做这套书的责任编辑，我愿意，我很高兴。

于是，延续原来的书名——《养心殿造办处史料辑览》，按顺序标注"辑"的数字。在"二辑""三辑"之后，把已经脱销数年的第一辑（雍正朝），重加校订出版，当年的责任编辑林姝，重操旧业，恢复了当年父亲为了压缩篇幅而省略的内容，又把近十年实际工作中发现的更恰当的器物补充到书的图版中。

到2017年，已出版至第八辑。

父亲得到样书时候的情景至今仍然在我眼前，那几天父亲逢人便说，老听别人说作者跟编辑的关系最不容易相处的，我跟我这编辑可不是这样儿，我跟林姝合作的太愉快了，我太满意了。

尤其让父亲高兴的是，本来只是从工作出发的反复阅读，对于林姝来说，却开启了对于档案与档案记录的时代的浓厚兴趣。

父亲高兴，单士魁先生一定更高兴。宝山之路逶迤，行者不绝，来者能继。

辨认故宫的历史

　　民国时期的故宫博物院院史是个不容易界定的概念。一百年，不能说近，但身处故宫博物院之中，很难把我们叫做"从前"的人和事情当历史看。

　　在我的家庭里，祖父、两位伯父、父亲都有服务于故宫博物院的经历，家族成员的历史、家庭的历史与故宫博物院的历史有很多的交集。抗战中，两个伯父和父亲母亲都去了四川，我的哥哥1943年出生在重庆战时的红十字医院，长在粮食部宿舍，也就是故宫人当时都熟悉的海棠溪，所以在名字中留了一个"海棠溪"的棠字。一年年的，在家庭的讲述中，很多故宫历史上的事件，人名，地名渐渐化作典故，让晚生的后辈也耳熟能详。

　　院中诸位前辈先生的名字也就是这样熟悉的。尽管从未见过面。

父亲怀抱的就是海棠溪出生的
哥哥——传棨

庄尚严先生的儿子庄灵到故宫
看望父亲

251

抗战时，父亲还没有正式参加故宫工作，只是到1944年冬季，才因临时展览被借调。"马院长命我和王世襄兄参加这次在重庆中央图书馆举办的历史展览，以前我只是故宫的职工家属，到这时才实地参加工作，包括装车、押车、卸车、抬箱子和开箱整理，以及写说明、写卡片等等，脑力体力一齐干。这部分展品就是曾在伦敦展览过的珍品，每件文物我都过一下手，真是莫大享受。"

1994年国家文物界第一个代表团访问台湾，父亲在台北外双溪的"故宫博物院"参观，《民生报》以"故宫博物院 隔海故人来"为题，发了一篇专稿，压题照片上，父亲凝神细读的孙过庭书谱的长卷正是抗战在重庆做"蓉展"时候经手的文物之一。也就是在这一次，见到了阔别多年的"心如大哥"那志良先生。2002年，王淑芳大姐（那志良先生的儿媳）来北京，看望父亲，带来了那先生去世的消息和《典守故宫国宝七十年》这本书。这一年的冬天庄灵大哥来北京，电话中介绍自己："我是庄家的老四，我叫庄灵。"端正清晰。不是台湾"国语"，也不是我们在公交车上听到的北京话，虽然还未见面，声音和说话方式让我有家中长兄的感觉。次日庄先生到办公室见父亲，送给父亲庄尚严先生的《山堂清话》与书法作品集，又随父亲参观了古物馆的旧址（今天是科技部），那是庄尚严先生、王世襄先生，也是我父亲进入故宫最早的一处工作地点。

2003年父亲去世，三伯父去世，上一辈人没有了，带着他们熟知的一切，惯常的随口发问与讲述从此不再。

以掌故与院史并重的故宫丛书系列，也恰从这时开始启动。

今天我所能够了解的所有关于故宫历史的点滴，也就是从这样的自负其责的工作积累中得到。

看见了大伯父

有关故宫早期历史的出版物中，那志良先生的《典守故宫国宝七十年》与庄尚严先生的《山堂清话》（出版时更名为《前生造定故宫缘》，取自原书中一个章节的名字）两书，先后都由我来做责任编辑，是在父亲去世的这一年开始。

为方便今天的读者理解当时人当时事，编辑这两本书时，查阅了故宫博物院的档案和大量民国时期的出版物。同时也希望选择适当的档案和图像加入。

档案数量多，可选择的余地也大。油印的故宫职员名册中，选择一页同时有庄尚严与那志良二人的。"庄尚严，字尚严，京兆大兴人，官菜园二十二号，兼任古物馆并文献馆事务"，"那志良，字心如，京兆宛平人，妙应寺平民中学，编目股书记兼任古物馆事务"。

照片上的人，认识的少，不认识的是大多数，可选择的照片少，没有余地挑选。其中一张故宫博物院南京分院保存库落成的纪念照，意义不同寻常，十数人之中，只能认出居中二人是院长马衡先生与蔡元培

故宫职员名册

南京保存库落成之一

南京保存库落成之二

南京保存库落成之三

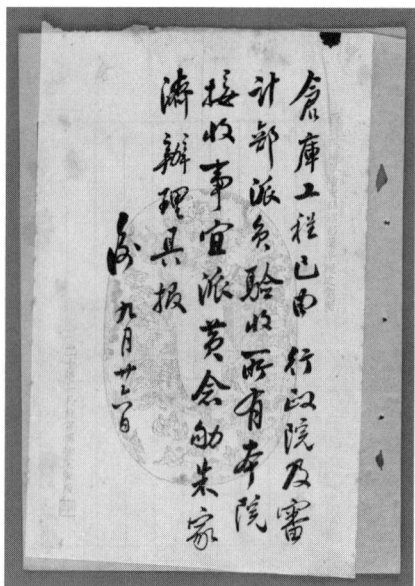

马衡院长手札

先生。毕竟照片的题记"国立北平故宫博物院南京分院保存库落成纪念 中华民国二十五年九月二十六日"让我无论如何不能放弃，近百年的事与人，虽然身经者都已经离我们而去，期待的是，也许什么时候就会有读者在书中惊讶地发现了自己的父亲或者是祖父。

过了七年，2010年我才又在故宫文物南迁史料中，看见了马衡院长为保存库签署的批示，"仓库工程已由行政院及审计部派员验收，所有本院接收事宜派黄念劬朱家济办理具报。衡 九月廿六日",也发现了保存库落成照片的完整版。合影者共有二十五人,原来看到的部分只是中间,在曾经折起来的部分,认出了大伯父朱家济,还认出了保存库的设计师赵深。批示上的时间与照片题记上完全一致,就是庆祝落成的这一天。

于我而言,熟悉文字内容的过程是一个走进往昔时光的亲切的过程,自幼家中耳熟能详的人名地名事件一一浮现,勾连成更为清晰的片段。这些片段就是战时的故宫与战时的故宫人,有家人,有知道的人,还有原来完全不知道的人。这些人的籍贯,工作中的搭档,他们的面貌,个子的高矮,签名的习惯……

两张温泉合影

战争中的图像资料本来不多,经过一个甲子的种种变故就更少。协助庄灵先生出版《前生造定故宫缘》的过程中,得到大批保存完好的图像,为这段历史提供了珍贵的原始资料。其中被称为南温泉留念的大合影就是庄尚严先生家藏的,这张合影发表较早,流传很广,最初除去那先生庄先生两家人,叫不上名字的人很多。2010年筹备南迁史料展览过程中,庄灵先生再次提供原照相，正反两面高清扫描之后，看见了照片背面庄尚严先生特意记录下来的意想不到的信息——所有的拍照者的姓名，还原了那一刻的历史原貌。因此，在故宫南迁史料展中，二十八个合影者才第一次完全标注了姓名。

认识的人多了，公开的档案多了，未知却也随之更多。欧阳道达先生的子女与梁金生先生都说，小时候看到过的大合影不是这一张，景色，构图，合影的人都不是，下落也一样，都是"文化大革命"初起就烧掉了。据身历者回忆，抗战胜利，准备北返复员，故宫博物院的重庆院部是有计划地给大家组织了留影纪念这件事。有各个家庭的，也有按工作部门的。大的集体合影应该有两张，庄先生提供的是南温泉，另一张没有见到的是北温泉。

2010年底，传来意想不到的消息，欧阳的家人找到了一个叫孙家耕的故宫人。在一张1948年的名单上，他是赴台押运人员——"第三批卅八年一月廿九日启运　计九七二箱　孙家耕　王程　吴凤培"。孙家耕从北平艺术专科学校毕业，经人介绍进入故宫博物院，文物复员到南京之后，孙氏回上海探亲，之后人事变化比较大，未能再回故宫。1949年之后辗转沈

故宫博物院同仁暨眷属修禊留影 初羣

蔡寄沧

吴效英

那宗炎

那宗训

庄喆

那志良妻子

刘峨士

王程

王太太

吴效蕙

吴玉璋（吴爽秋）

吴振鸿

吴凤培

那宗霖

邵紫然

庄因

那志良

吴振绍

王国柱

励汝森

冯汝淋

励仲华（励刚）

庄严（庄慕陵）

申若侠

那宗琦

庄申

欧阳洪武

庄灵

黄居祥

卅六年二月一日照于重庆南温泉虎啸口下溪水前共廿八人

故宫职工复员前在南温泉合影

259

故宫职工复员前在北温泉合影

阳、北京、兰州多地。在兰州教师任上退休。我们上门时，他正在北京女儿家中养病。见面时非常兴奋，拿出家里的相册，为我们一一讲解。

从孙家耕处，欧阳家与梁家的说法得到证实，的确有第二张大合影，也就是北温泉合影。照片中有欧阳道达一家、欧阳南华、梁廷伟、梁匡启夫妇、李怀瑶、张德恒、王程夫妇、励乃骥夫妇、冯汝霖。只有王程夫妇是两张合影都参加了。仍有一人不认识。

身边，是一群满头华发的人为自己幼时的记忆得到证实欢欣着，纸上，在档案袋中沉默六十年的名单，被逐一填补上正当好年华的面孔，岁月的烟尘散去，我们与历史对面凝视。

战时的诗

战争来了，冲散了原来的家庭结构，友朋交往，却也缔结新的情谊。文字往还以至家信、日记中都留下了那时南迁故宫人的心境与信念。

那先生在《典守故宫国宝七十年》说蜀道艰难：

想到前人曹伯启的《南乡子》词来了。我最爱他这首词，原文是：

"蜀道古来难，数日驱驰兴已阑，石栈天梯三百尺，危栏，应被旁人画里看。

两握不曾干，俯瞰飞流过石滩，到晚才知身是我，平安，孤馆清灯夜更寒。"

我托好友欧阳道达先生替我写了一幅中堂，他的字又写得十分好，我把它好好保留起来了。

2005年那志良先生家人捐赠一批院史方面的档案给故宫博物院，其中就包括这幅中堂。

虽然文字已经读过，但直到2010年为筹备南迁史料展览，我才第一次面对这件作品，第一次读到欧阳先生的跋。不仅是我，不仅是观众，也包括欧阳先生的所有子女。

北平故宫南迁文物复于廿六年秋避寇西迁，分道入蜀，其遵陆经豫陕而迁储峨眉山下者，乃吾友心如兄主持始终。是役历时两载，往返川陕道上，如曹伯启南乡子词所称道诸般境界，一一躬历，故于人生安危，世路夷险，体验心会，弥觉亲切。寇退乱平，文物行将北还，回首往事不无逝川之感，爰属书曹词，聊寄鸿爪云。中华民国卅四年冬十月，邦华欧阳道

馬衡先生篆書聯：護持故宮庶物，來做峨眉寓公达。

　　故宫藏品中有马衡院长一副篆书联，联文是"护持故宫庶物，来做峨眉寓公"，边跋是"廿八年夏自成都移故宫文物于峨眉，石鼓与焉。因集其字为联以纪念之。鼓文以寺为持，以乍为作，蔓護古故勿物糜眉古通。卅三年秋鄞马衡书时为寓公已五年矣。"2010年参加重走文物南迁路活动中，看到马院长华严洞的题壁，庄尚严先生日记中记载："卅二年叔平师因事至安小住月余，一日酒后忽发逸想，老头子竟攀梯登三丈许，亟崖大书百余字，可作纪念。"在峨眉山看到上款果龄上人的联"山灵笑我多事，今夕与君谈诗"，不由对酒后会发逸想的"老头子"——马院长生出可亲可爱的感觉。

　　我家里有一封旧信，是父亲弟兄三人抗战时写给祖母的。草纸上寥寥数笔极简的山水，状写在重庆居住的环境。白处是三人各自写下的一句话，或几句诗。父亲署"癸未冬日画奉母亲大人。男潜"，三伯父的是"竹林森疏一草堂，重岩寂寂草花香。村居真得闲中味，俯仰山高与水长。男源"，大伯是"倪瓒清斋习懒，韩王湖上骑驴。一样遣愁不得，乐哉今日山居。男济"。

祖母在沦陷中的北京，则以抄写白居易诗集来排遣做母亲的倚门望闾之苦。

大伯父抗战时期在四川遇见自己的妹夫，我的表姑父，画家秦宣夫，曾经有一首谢秦宣夫画像的诗：

秦郎跋涉几千里，客中相逢杂悲喜。
弄笔从容语默间，已写吾真落斯纸。
棠棣春风安可希，今朝权向画中归。
省视阿兄犹故态，未应羁旅减腰围。
平居未解伤局促，流离耻作穷途哭。
夫子何常陋九夷，苏卿遂份安殊俗。
屈指还家亦有时，此事不问心当知。
筑中雨似巴陵雨，点点寒声下碧池。

画像早已不知下落，倒是这首诗，辗转传到了我这一辈人。

"平居未解伤局促，流离耻作穷途哭"两句尤其说出了那一代人非常普遍和突出的精神，无论出身，无论男女，敢于担当，耻于叫苦。

如果说战争的历史值得记忆，就在于记得和崇敬这样一种不可征服的精神吧。

父亲兄弟三人给祖母的家书

266

不知杜鹃花

《杜鹃花》是一首歌，抗战时期的流行歌曲，只是由于国家的统一成为久悬未决的问题，在大陆停止了这个流行。

还是2010年重走文物南迁路的途中，6月8日，贵州，往机场的路上，夕阳满天。车中，庄灵先生与傅申先生说起读小学的事，不知怎么唱起了歌，余范英先生也立刻加入进来。朴素清纯的歌声，丝毫不觉得是三个七十岁的人在唱。问了庄先生，告诉说歌叫《杜鹃花》，作者叫黄友棣。7月4日，黄友棣以百岁高龄在台湾去世，媒体用了"世上已无黄友棣，谁人不知杜鹃花"的标题缅怀他，说明他被人接受和喜爱的程度，也从反面映衬出六十年隔绝的害处——人人不知"杜鹃花"。

从2002年第一次读《典守故宫国宝七十年》至今，十年中因编辑出版而与故宫历史相遇，我是荣幸的，因为这是一项父亲期待许久却始终没有见到结果的工程。我从空白开始，随着书的编辑与出版，最初隔膜的书中人与事，也仿佛与家中的讲述一般，变得熟识起来。细读父亲的书，一如他在的时候与他交谈。学习他的方式，解决自己的困顿。

对民国时期的故宫历史有所回顾与追索，意义其实不在于历史，而在于用历史观照现实，避免不知《杜鹃花》的遗憾。

怀人天气日初长①

父亲2003年去世，到今年已经十年了。

这本书的大部分是从父亲的文集《故宫退食录》中选出的，少数是编辑搜集补充的。

编校近尾声，责任编辑朱玲希望我写一点有关父亲的文字。

以谈论艺术的主题重辑父亲的文字，目的当是为更加宽泛的读者群提供一些他们之前或许未加关注的内容。艺术关注的是人，人的生活体验与感情，观察前人对艺术的种种态度，其实正是观察他们的世界观与人生观。从这一意义上来说，我要称赞编者的用心。

---

①此文是2014年为《故宫藏美》写的序。

临帖之法

父亲一生爱戏。十三岁登台演出《乾元山》开始，八十六岁以《天官赐福》告别舞台，"没有加入任何票友组织，也不专以演戏为主。但他由看戏而演戏，由学戏而演戏，都属于业余爱好性质，完全从兴趣出发。不过嗜之既深，则力求钻研深造，从而向专业演员请教，并一招一式地从名师学戏。"（吴小如先生语）舞台实践七十年，竟然超出他服务故宫博物院的年头。投入的精力与研究的方式也是很少见的。集中所收《学余随笔》，介绍学习余派的过程最为独特，"我们把反复经常听余的唱片叫作'临帖'。'临帖'和一般听唱片的听法又不同。必须在安静无干扰的环境，把转速和音量都减弱，把耳朵贴近音箱，这样可清楚地听出念字、气口和发声的层次，也就是说怎样用嗓子和找韵味。在戏院里听，只是观众席中所听到的效果，而在'临帖'时，则能听出唱法要领。我和余先生不认识，没有到他家听他吊嗓子的机会，只有'临帖'这个办法，就像在吊嗓子的人面前听唱一样，不同的字，不同的工尺，用不同层次的发声，在转折的地方用不同的'撇儿'。"

正是基于这样精细的体察，深入的研究，在排练演出久已绝迹舞台的《牧羊记·告雁》一出时，吴小如先生称赞，"可以说完全自出机抒，一空依傍。""在唱念方面竟完全用余派的劲头、风格来表达，当然其艺术效果也甚得余派三昧。"

对美好的欢喜赞叹

戏剧之外，书画也是父亲极大的爱好，但一生中少有平静安生的大段时间让他从容游弋其间。论书，父亲不及大伯父恣意纵横，论画，父亲以为不过是面貌不恶劣，略似古人罢了。即便是对古代书画的研究，也因为工作重心的转移而中断，持续终生的倒是心中永不衰减的对美的欣赏，揣摩。

抗战时期，从即将沦陷的北平向后方出发，在交通多处中断的情况下，用五十天到陪都重庆，使用了近代中国所有的交通工具，包括长途的步行。这一段经历，父母双亲都常常说起。以致我至今记得其中许多细节，譬如，走到洛阳，"先经过龙门，伊川的山光水色使人精神为之一爽，连日的风尘疲惫仿佛一洗而空，站在卢舍那佛的座下，仰视慈容，感觉好像有很多话要说的样子。伊阙佛龛的碑文在家时只看到拓本，现在看见原石，更觉亲切。"

也是去后方的路上，坐闷罐车到华阴，当时天黑又下雨，下车未出车站。次日天明时出去上厕所，走出候车大厅，雨过天晴，眼前一亮，很突然的看见了华山的全景。原来站的地方正面对华山，像一幅长的画卷，苍龙岭、莲花峰等等胜景都在眼前，"当时不由得就想起了王世贞的诗中有'太华居然落眼前'之句。这个 '居然'正是我此刻心头所感。"

父亲赴曲阜工作后登泰山所摄

"文化大革命"中，到湖北的"五七"干校，是个湖区。干校在湖里抽干了水，种稻子。父亲当时是连队里的壮劳力，不少苦活会分配给他。譬如，插秧之前的育秧，遇下雨的时候，要派专人看管秧池，不能让秧池里的水没（没，读作末，淹没之意）过秧苗，一旦池内水多了就需用盆把水淘出。此项工作有个专门名词叫"看水"（看，读作刊，守望之意），这项工作要站在池边守候一夜，直到天亮才能回连睡觉。事后父亲也常说起，"这项工作虽然苦些，但也有意想不到的享受，就是雨天的雷电之美是原来从未看到过的，有一次竟然看到从天而降的一个大火柱，通天到地，真是难得一见的自然景观。这是在室内所不能想像的。"

　　小时候家里只一个炉子，做饭，做水，取暖全是。总是觉得那时候的冬天真冷，老也过不完。只不定是哪一天早晨，父亲或是母亲会指给我们看，西屋的北墙上来了一小块阳光，说，"春来了"，让我们从这一天开始注意，看春的大小，看春来的时刻，以及在墙上的位置有何不同。

　　春的到来成了家里专用的物候标志，这个习惯一直沿续到我们兄妹四人的生活中，至今如此。

古人说，往而不可追者，年也；去而不可见者，亲也。

作为读者，前人的什么东西才真的有意义？不是他们的天赋，不是他们的出身，不是他们的才情，而是他们对人这一整体的爱，对自己的爱与尊重。对美和好的欢喜赞叹。

想起父亲写过多次的一副联，"契古风流春不老，怀人天气日初长"，是古人集兰亭字的对联，念之诵之，口气平淡而欢欣，让人格外难忘。

是以为序。

辑 四

这一辑的文字多是围绕家和家人的事。开始写的时候，未料到记得这许多"陈谷子烂芝麻"，等到逐渐记起，并付诸文字的时候，却又不断顿住，是哪一年？名字是哪几个字？一点点解决之后，才得以重新开始。记述这些曾经发生过的事情，重温父母曾经说过的话，仿佛给了我一种飞行的力量，在天人之际往来。

故家旧事

听父母所述家中旧事，遂以口述方式记录。父母亲的口述用仿宋体字。需要说明的地方以按语形式出现，是宋体字。

掏茅房

按，茅房就是厕所，这个词汇接近消亡了。六十岁以上有过平房居住经历者才会保留，但也很少使用。直至60年代，北京街道上公共厕所不多，胡同里更少。街上的厕所被叫做"官茅房"，"官"就是公共的，社会的意思。厕所在居民的院子里，宽窄脏净各有不同。每隔几天，就会有身背粪桶的掏粪工人来收集粪便。其中特别著名的叫时传祥，因为受到了刘少奇的接见而成为共和国劳动者当中的传奇人物。刘少奇主席的话"你掏粪，我当国家主席，都是为人民服务"，也成为那个时代尽人皆知的名言，我记住这句话，就是从儿童月刊《小朋友》上读来的。

"文化大革命"来了，时传祥因为这一经历被批斗者说成粪霸，再后来，街上的公共厕所开始多了，院子里的厕所差不多都取消了，原地盖起了新的小房子，住上人了。淘粪工也很少见了。只记得还有一个清洁公司是以时传祥命名的。下面的话是记录父亲的讲述。

《宫女谈往录》里说，"宫里头有两大奇怪的事，一是数千间的房子都没烟囱。宫里头怕失火，不烧煤更不许烧劈柴，全部烧炭。另一个是整个宫里没厕所，把炭灰寄存起来……"这里所说的"宫里没厕所"，实际上指的是红墙以内，而不是宫墙以内。

东西华门附近的内务府各作坊，有很多工人整天工作，都是蹲坑式的茅房。另外，每天上朝的官员也有他们自己的厕所。有厕所，当然就得有人来掏粪，这是很正常的事。

那时候，掏厕所的工人背着粪桶到哪儿都是长驱直入的，无论什么宅门儿，也得有人掏粪，所以门房里的人对他们几乎完全不加询问，有时候，也会出料想不到的事。咱们家在台基厂的房，院子又多又大，有的院子空着，那些穿堂过厅之类的可以通行的屋子平时都没有人，还老是大敞着门。没人是没人，可是屋子该装修的，该布置的也还是一应俱全，摆设也很丰富。

有一回，有个掏茅房的，大概也是走熟了，知道在这个院子里必然碰不上一个人，顺手把屋里的一架挺大的自鸣钟搁在粪桶里，想带出去。

想来这人是算计好了，桶里一定也没什么粪，真要有半桶粪，自鸣钟搁里也没法儿要了。

可巧，正走到门房屋子外边的时候，到了整点，自鸣钟在粪桶里丁丁当当响起来了。门房在屋一听，这怎么回事儿？拦住一问，结果没偷成。这时候离门口只有几步路了，这钟再晚响两分钟也就没事儿了，只能说这人运气不够使的。

台基厂

还有一件有意思的事，也是出在台基厂这所房子里。咱们家院子里有不少杏树、海棠之类的树，春天里，常常折来插瓶。那时候，插花都是用挺粗挺大的瓷瓶，相应地，折下来的枝子也是挺壮的。这种插在瓶里的花，有时会从有人活动的屋子撤到不大有人的空屋子里去的，也有时候是因为一次什么节庆或是聚会，摆在某一间屋子里的，过后就一直放在那儿，没有人经管。院子空，屋门又总敞着，那些到院子里来采蜜的蜜蜂不光到树上采，还可以进屋采蜜授粉。有一年夏天，有一枝插瓶的杏花就这么结了杏。

台基厂的房，片量很大，东边跟交民巷的使馆挨上了。闹义和团的时候，就不免被义和团看成跟使馆有关系的地方，常常口称搜查洋人，进来骚扰一番。庚子那年，家里人都跑反走了，只有底下人（对家里佣人的统称）看家。这些人都非常之好，又勇敢又正直，认为主人把家交给自己，受人之托，忠人之事。大门关上，又用沙包堵严实，院里还准备了火铳什么的。可巧，又碰上有要讨好洋人的指点说，"那个门儿里，从前是常见有义和团出入，估计现在藏的也有"，于是洋人就要进来搜义和团，当然不让他们进来，对方更确信受到义和团的抵抗，这些看家的佣人开了枪，洋人进不来，就放了火。

真可惜，这些人，全没活下来。

事后，国家给了六千两银子做安家费，用这笔钱又在北京重新置办家业。

这时候的一家之主我的太爷爷，正在襄阳任上，我爷爷在总理各国事务衙门，相当于今天的外交部吧。庚子逃难，无处可去，就带着我的父亲到襄阳——太爷爷那儿去了。

按，在《画传》中，父亲也有一段文字述及此事：

"光绪二十六年正值我的曾祖和祖父都在外省任职，先父还在读书的时代，义和团在东交民巷烧教堂，我们全家都到京北沙岭郝姓亲戚家暂避，留下一些男仆人看家。义和团认为这座大宅院可能藏着洋人，曾屡次搜查。后来侵略军进城，又认为这座宅院可能藏着义和团，就放火烧了这座宅院。我父亲说光绪二十七年从沙岭回京，家里已经成为一片瓦砾。临走时，只带些换洗的衣物，想当然过几天就会回来的，所以什么东西都没带走。但他记得出门前路过大厅，他把大架几案上正中摆设的白玉三羊开泰捧在怀里，因为这也是御赐的，所以想带走。但被祖母禁止了，说是兵荒马乱的，拿着这种东西会惹事。父亲听了我祖母的话，走到前廊沿就顺手掀开地炕洞口木板搁在炕洞里的炉灰堆上了。这次回来在基址上找到大厅的地炕洞口位置，居然挖出这件白玉三羊开泰，另外还无意中拾到一件捣药的铜杵白，一柄铜锤。虽然当时我还未出生，但可以想到我家上辈当时心理上国破家亡的滋味。……

按，是从沙岭回京还是从湖北襄阳回京，有两个说法。我推想，最初走的仓促，是先到沙岭，看看时局短时没有恢复，终究不能在亲戚家住太久，才去了襄阳。所以，光绪二十七年回京应该是从襄阳。

关于这件三羊开泰，父亲曾经在一篇专门谈吉祥物的小文中写到过，引如下：

青白玉三羊开泰

长约尺许，厚约四五寸，琢成母子三羊，母羊昂首顾盼，乳羊相互依偎。玉质温润，造型生动，是乾隆年制的精品。

我从幼年就每天和陈列在堂屋大案上的这个玉羊见面，直到中年。记得趋庭之日，听父亲说过玉羊，是高祖在体仁阁大学士任内，七十寿辰，这件玉羊和

旧宅中陈设的瓶花

旧宅院中的荷花

旧宅中的家居陈设
案上正中即御赐白玉三羊开泰，附随形紫檀座，
外有紫檀框玻璃罩

1903合影从左至右依次为我的祖母张宪祇（左二）、曾祖母（左四）、大伯
父朱家济（左五）、曾祖朱有基（右四）、祖父朱文钧（右三）、三叔祖朱
文鈉（右二）、二叔祖朱文鈜。

家里"台衡介祉"的匾额，都是御赐之物。当时住在东江米巷（即现在的东交民巷）台基厂胡同的一座宅院（现在是北京医院地段）。庚子年被外国侵略军烧毁。事后全家由湖北回京，在一片瓦砾中只挖出这个玉羊，再没有其他什么完整的东西了。

后来我父亲收藏法书名画、金石图书，只有这件玉羊是祖传的，编订《介祉堂藏书画器物目录》将其收入。

清代乾隆年间和阗玉材来源畅通，所以故宫旧藏乾隆年制玉器多如繁星，精品亦多不胜数，但玉羊则只有一件，亦为母子三羊，玉质和做工都远逊于我家旧藏那件。"

按，上文说"直到中年"的事情经过是五十年代全国上下为斯大林祝寿，由政府工作人员遍访民间，在谁家里看上什么，就拿走，留下一张政府的征用证明。

从襄阳回来以后，用发的六千两银子只能先置办些必需的生活用品，买房则是完全不行。先在虎坊桥典了一所房住，后来知道西堂子胡同左宗棠家的房子出租，才又租了房安顿下来，在西堂子住的时间也比较长。

西堂子

这段时间我的外公（张仁黼）、外婆也跟我们住在一起，外婆是四川人，乡音很重，管我叫"冒（毛）头"，管你二大爷叫"勾（狗）头"。你娘的祖父（荣庆）也是一口四川话，认识我的外婆，不知怎么论的，管我外婆叫"耳（二）姐"。

按，张仁黼(?——1909年)，原名世恩，字劭予，河南固始人。学以宋儒义理为宗，光绪二年(1876)进士，入翰林，授编修，典试江西。十一年为京察一等，以道府用，寻提督湖北学政。

荣庆（1859—1917），字华卿，号实夫，鄂卓尔氏，蒙古正黄旗人。

我外公家原来不跟我们住在一块儿，他们一家有很长时间（到北京来以后的很多年）一直住在他教家馆的人家里。这份工作是外公的老师给他举荐的，因为这家的老祖母是这位老师的姐姐，而这一家人就是同治皇后的娘家。我外公教的学生后来封了果公。

果公府，你知道不知道，这个名字可叫了好几十年那。就是文化部那一大片地方（这时所说的文化部地在沙滩红楼以北）。那时候，我外公刚刚中了进士，没有进项（收入的意思），又没地方住，学问又挺好，教家馆正是一个合适的工作。外公就住在这个果公家里。由于跟这一家人相处得非常融洽，所以，娶了外婆，以至生了你奶奶之后，也就是说，在我外公已经是拖家带口之后，还一直住在这里，彼此像一家人。

在旗人家里，是不给女孩裹脚的，你奶奶也就一直没人给他裹脚，一天到晚自由自在的跑来跑去，跟男孩没什么两样，上树快着呢，噌噌两下就上去了。一直到十三岁回河南固始的老家，家里的老人一看，哪儿有这么大脚的姑娘啊，这还了得，快裹。这下儿可遭了罪了，疼死了，十三岁的孩子，脚已经完全长成形了，骨头已经很结实了，比小姑娘时裹脚疼得多。就这么着，好歹算裹上脚了。

这回从河南回京之后，就没有再回果公府去住，也是租的西堂子胡同左宗棠家的房。左宗棠家房子很多。这房现在还在，就是样子已经大变了，前两年还差点拆了，还是我跟市文管会提的，才算保存下来了。

吃的

按，这些吃的，早在我出生以前的很多年就不再做了，所以，仍然算作"故家"中的"旧事"。父母亲都讲过，因为母亲有实际操作的经历，所以用母亲口述的版本。

素包子

这是腊月里做的，确切地说，是腊八之前的一件要紧的事情，要大量的做，一直可以吃到二月初呢。

材料是胡萝卜、菠菜、黄花、木耳、冬笋（或笋尖），过油炒过。豆腐切丁炒过（我想应该是北豆腐），蘑菇，口蘑或香菇发过之后切丁油煸，饹馇（北京食品，豆面制作，可炒，可油炸）过油炒碎，水发粉丝，绿豆芽，淮山药擦丝，还要炒点芝麻，加上香菜，胡椒。调味既有盐也有酱油，很重要的还要有发蘑菇的汤不能丢掉，在炒各种菜的时候，一点一点加进去，让蘑菇的香味吃到菜里边去。

枣糕

南粽叶（按，这是我娘的原话，我想应该是比较宽大的箬叶吧。过去，北方包粽子常常就地取材，用芦苇叶。苇叶窄，装米少，所以北方的粽子也小。在北京要想用箬叶必须到专卖南货的铺子，所以就有了这么一个词汇——南粽叶）按照家里做点心的模子剪成形，当枣糕的衬。红枣煮熟后剥皮去核成枣泥，蒸热，用生的江米面和（读或，以水和面即此字）枣泥做枣糕的皮，这个面是比较硬的面，不能加水。

枣糕的馅儿有两种，一种是黑芝麻的，黑芝麻炒熟以后用擀面杖擀碎，加山楂糕的小丁儿。一种是白芝麻，核桃仁，松子仁，和奶皮子。

做好的枣糕，开锅后上屉蒸五六分钟，然后晾凉。晾的时候，就得不错眼珠儿的看着，天上一会儿就能听见"哇""哇"的老鸹叫。要是没人，它能下来哆（鸟类喙啄食在平常话中叫"哆"）。

枣泥秋天就得开始准备，净红枣就得用五十斤呢。

剥莲子，捅莲心。这都差不多，都是顶费工夫的事。急不得。不是没有快的法子，也不是不知道，试过一次就知道不能用了。

想快的话，把莲子用碱水泡在砂锅里，用新的马兰根的刷子刷，很快皮就都褪下来了。可是莲子黯淡无光。

手剥的莲子就不一样了，晶莹泛光，叫"琥珀莲子"。外边饭馆里"琥珀莲子"做得好的，以会贤堂最著名，他的莲子根本就不是炖的，是煮一开之后，加猪油，冰糖。这说的可不是随便的肥肉炼出来的油，得是真正的透着粉红的脂油，蒸十分钟，拿出来，去掉未化的猪油上桌，莲子特别绵润，可口。比较起来，不加猪油的莲子就有点柴。

炸合子

准备炸合子第一要炖汤，用极文的火炖老母鸡，炖一整天。这一锅汤，用夏布口袋过滤以后，再反复用文火熬开，去掉汤上的油。这个汤搁凉以后，必须手按上去有弹性，才说明合格了。下面要剥虾仁，用小对虾就行。香菇发好以后，蒸，切丁，火腿的腰峰切末。冬笋，或马蹄的丁，再加韭黄一点，提味。

合子的皮用不撇油的鸡汤和面，加四到六个蛋黄，以和出来的面能分层为好。注意保温，三四个小时以后可以包了。包好后油炸。

按，形状没记，另外，传统小吃中的炸三角，是否就是合子的世俗版都无从得知。

腊八粥

俗话说，腊八大如年。既说一岁将尽的意思，也有形容为盛大节日作要做大量繁杂工作的含义。

腊八粥的粥其实没有什么，就是把豆啊，麦啊的分别煮烂，再合成就行了。真正麻烦的是所谓的粥果，这是摆供必需的，做出来真是好看，好看得你都不忍心吃。粥果要是讲究起来，真是折腾人，但哪一样儿都能吃，也都好吃，跟现在宴会上拼盘里的罗卜花那种东西没法比。咱们家的粥果差不多都是作狮子。点缀两个柿子，所谓"柿柿（事事）如意"的意思。柿子好作，用蜜糕（就是山楂糕）旋的，不难。难的是狮子，特别费时、费事。狮子的头用整个的核桃，不能是两半儿的，先去外皮，再去内皮，内皮贴着肉，不好去，得用温水泡，泡到有点离肉的时候，用针一点一点挑起来，把内皮完全揭干净，雪白的核桃仁儿，用胭脂染红后就成了红色的狮子头，一个大海碗的腊八粥里，总是一红一白两个狮子。杏仁做耳朵，荸荠削成眼睛，松子仁摆四条腿，身子是用枣泥堆的，青梅的细丝作狮子的毛发。

所有的准备其实在腊月初七晚上就得完成，彻夜不能离火。天不亮，送粥的就得送到人家家里了，上供的也得全摆好，就该行礼了。

我们家（我娘用这个句子的时候，就是在讲外婆家的事情，说你们家的时候，才是说她的婆家，据我爹说，这个习惯自我外婆就如此。是否由于蒙古人的天性不得而知）这天更是这样。你太外公就是腊八的生日，腊八在宫里也是个节日，早上退朝下来，全府排队站班迎着，这是给老爷拜寿，廊檐上都点着牛角灯。

年，也就从这一天开始了。

腊月二十三接祖宗，祝福。所谓的接祖宗，就是开始在最中心的堂屋悬挂祖宗像，直到正月十八以后，送祖宗。在口头上说："该落（落这个字得念涝，这是老北京的发音，确切地说是元代大都音）影了。"

遥远的咸宁

按，本文写于1999年，刚买电脑不久。曾在《故宫人》上连载，还得到了稿费若干，并由此得到最初的读者，他们因此文而对我有所期待，这鼓励着我后来继续书写。

在《北京博物馆年鉴》故宫条目中，一九六九年的下面写着"9月22日本院职工开始下放湖北咸宁文化部五七干校。首批300余人出发，后又陆续下放，剩200余人留守本院"。

我父亲就是"首批300余人"中的一个，走的那天，我和母亲去车站送，天还很热。这一年，我一共到北京站三次，第一次是送两个姐姐到云南，送父亲是第二次，第三次就是我和母亲也到湖北去。

整整三十年过去了，孩子变成大人，大人老了，老人，有好多都不在了。

1969年，我十二岁，上小学五年级。那时候，北京的大街小巷都在挖防空洞或防空壕，珍宝岛事件就发生在那一年。我家附近的小学生都到安定门去搬城砖和黄土，背到学校砌防空壕。

学校里由革委会主任告诉大家一些与战争有关的知识，炸弹来了该怎么做，碰到苏联人（在当时是当作敌对国来交代的）提问怎么回答。学校里常常组织军训，老是要求穿一身军装在操场上走或者是跑，然后突然喊"卧倒"，即使脚下有泥水也要毫不犹豫的扑下去，才算有敌情观念。

班上陆续有同学离开了，到"五七"干校去。后来故宫也派人到我家来动员去"五七"干校，具体怎么说的不知道，反正是走也得走，不走也得走。不过，在那个生活贫乏的时候，有点变化总是让人高兴的，尤其是孩子，记得跟老师说转学的时候，仿佛是到什么大家想去而去不成的地方，还有点小小的优越。

走以前，故宫来了张锡瑞、于宏来两个年轻人帮着收拾东西，决定哪些东西该带，哪些不该带。他们那时好像是转业不久，穿衣服和做事都带着一股解放军的气质，干净利索，又很和气，我很喜欢他们。我跟着母亲对家中大小事情作了一番规划，譬如，从前，窗帘是挂在两根很长的铜杆上，现在已经用铺板把窗户全部钉死，窗帘用不着，窗帘杆也用不着了。拆下来，卖到废品收购站，得了几块钱，吃了一次带鱼，冻的，鱼身上隐隐有极浅的1957的字样。母亲对我笑说，看看，跟你一边大。我自己还模仿着大孩子的样，和好朋友到照相馆照了分别的合影，约好一到就写信什么的。

在路上

一起走的人很多，有专门的人管。车票行李票都由这些人拿着。一路上嘱咐：咸宁是个小站，就停两分钟，要抓紧时间下车。

火车上的饭菜盛在饭盒里，四毛钱一份，有大片的肥猪肉和黑绿色的油菜。说不上是凉的还是热的，反正觉得不想吃。可是餐车上的汤真好喝极了，一大碗，两毛钱。有好多鸡蛋，黄花，木耳，还有一种东西不认得，细细的，分权，咬着是脆的，问了母亲才知道是鹿角菜。餐车上又亮又暖和，作汤的小伙子问我好多话，一边打着鸡蛋，那样子很帅。

在火车上睡觉挺好玩，先把棉猴（连帽的大衣，长短材质不尽一样。是二战结束后，因为美军剩余物资在黑市上售卖而流行起来的服装式样。）挂在衣帽钩上，再把头钻进去就行。第二天很早的时候，母亲就开始叫我，说看着，过黄河了。先是一片黑暗，后来勉强可以在黑暗中分辨出桥栏杆和栏杆后面的天空，然后，就看见了，和从来看见的完全不同的太阳，那么大，那么红，一点也不像平时那么耀眼，静静地悬在离河岸很近的地方，还那么安静，一点也不耀眼，好像从桥的方向稍微再偏过去一点，就可以伸手摸着太阳了。河岸是黑的，而河水上已经映出黎明的天空。

忽然间，河面上的天空碎了，动了，仔细看，是一条牛在河边喝水。

很久以后，听到《黄河大合唱》中"黄水奔流向东方"的时候，心里升起的就是这个早晨。庄严，温和，久经沧桑。

到站了。真是个小站，只停两分钟。父亲来了，别人家的父亲或者母亲也来了，大都穿着棉猴，蓝布晒的发白。我对父亲挺认生，不太和他说话。

咸宁火车站（聂崇正画）

297

就这样住下来了

新的生活就这样开始了，虽然看上去不太像。

风很大，很冷，到处是高声说话和拥挤的人。每个人都在急着打听什么。

坐卡车，在非常颠簸的路上走很久，直到天黑。在黑暗中跟着什么人去一处黑洞洞的食堂里端来已经凉了的饭菜，没有见过这样藕荷色的菜，吃在嘴里滑溜溜的，芋头在铁锅里一煮就这样，母亲告诉我。又去什么地方抱了很多稻草来铺在地上，打开行李睡觉，在湖北的日子就这样开始了。

大人说，这个地方是湖北农科院的金水闸分所，我们只是借住，干校在离这儿很远的地方，正在给我们盖房子呢，等房子盖好，就搬走。

睡了几天地铺，家具来了，安顿一下父亲就回干校去了，别人家也都是这样，只剩下些老老小小的人，统一的名字是——"家属"。管家属有一个专门的人，是从干校调过来的。先后管过家属的有小魏，王子和，两个老刘。小魏叫魏文藻，后来曾经做过故宫博物院的院长。其余三个人都是文物博物馆研究所的，一个老刘叫刘慕山，另一个叫刘启益，等我长大了会翻书的时候，从《文物》杂志上又看到他的名字，知道他是个考古学家。

家属每天要聚在一起念报纸，报纸念没了，就大家聊天，有的晚上有人唱评戏，其中有个董大妈，嗓音嘹亮中又略带一点沙，一句"杨香草（儿）守孤灯左右为难"的声音和神态，至今仍然深刻到不能磨灭一般。很重的鼻音，凭空中勾画出一灯如豆之下，年轻女子愁苦的心思。不知道杨香草的故事，想来定是个无依无靠的女子吧，回想那时的家属，夫妻难得聚首，人地生疏，前途未知，的确是左右为难的时候。

就这样住下来了。房子是新的，在一个和缓的小山坡上，造好了还没有住过人，有两间一套和一间一套的。我家只有两口人，是一间，后窗面山，推窗就有习习风来。走道是公共的，水房是公共的，只是没有通水，用水要到下面六七十米的老楼房前去提。水房成了堆房，尽是一些没打开的家具，缠着草绳。后来分了一点煤，又垒出了一家一家的煤池子。一日三餐吃食堂，另外有两次开水，一次热水，也在食堂。住新房，吃食堂，不上学，我们的日子大致如此。

这个地方叫做金水闸，是长江上的一个小分岔，码头上有船通到武汉或者更远的地方去。本地人把码头所在的一块地方叫"闸上"。"闸上"有一家理发店，一家饭店。卖些炸油条，炸糍粑，不知道还卖些什么。隔几天闸上就有集，就是好多人在道路两旁卖东西，肉、菜都有，鱼最多，也最便宜，各种各样的鱼。上集的日子，天还全都黑着，大道上就已经三三两两的都是人了。

天大亮，集就散了，大道重新变宽，码头上显出忙来，人人一脸心事，行色匆匆，船渐渐坐满了，有人提了竹篮和开水壶，穿行在乘客之间，大声吆喝着"冲藕粉儿"，汽笛响，船离岸，留下一地的烟头，甘蔗皮，还有江上未散的薄雾。叫人看了有点发慌，好像是想家的意思。

最近的镇叫做金口镇，离此十里地，从大堤上走要走一个钟头，在那儿可以看见的长江，是一片宽得没有边际的大水。1997年之后，因为打捞"中山舰"的新闻，武汉市金口镇的名字让全中国都知道了。

食堂后边有个不太大的鱼塘，四周是成行的柳树，鱼塘里长满了水葫芦，阴天时候走过，可以听见"通"的一声，又是"通"的一声，这是鱼跳起来在呼吸。

食堂里一个梅师傅，矮个子，眉毛很重，一天到晚皱起脸吼人。一个胡师傅，特别和气，整天眯着眼睛在笑，另一个好像也是姓梅，高个子，略微有些含胸，眉间有些忧色似的。到食堂去得多了，知道他们其实都是特别好的人，只要不乱动东西，无论他们在干什么，都可以在旁边看着。杀猪、捞鱼、淘米蒸饭、磨豆子，甚至烧火喂猪，做糍粑。

在不知不觉中，嘴里在说着连阴雨的讨厌，眼睛里却觉得骤然一亮，农科所里果树奇多，花开的盛况非平常人可以想象。江南毕竟是江南，蓬勃的生机是北方见所未见的。

春天来了，整天疯玩变成了半天疯玩。在农科所职工子弟小学借读的事联系好了，甚至还有中学班呢。

上学

在干校搬过三次家，换了四个学校。四个学校里学过的课程，先是语文算术，后来有了数学，有了英语，还有农业基础知识和工业基础知识两门，就是原来和后来叫生物、物理的课。语文课学了京剧《海港》和《红灯记》的选场，印象中没有教过作文，事实上，教也没有地方用。至于批判的文章和讴歌的文章，就连大人们也是抄来抄去，孩子还能有别样的选择吗？在北京上小学二年级的时候，第一次代表本班到全校大会上发言，发言稿是班主任特意嘱咐我姐姐给写的，本来我只要念熟就行，不用管别的。但我还是提出想加"某某，竖起你的狗耳朵听着"一句，这是"文化大革命"前期最流行的词汇，出现的频率绝不亚于今天的"工程"、"上网"等等。其它像"够了够了，谁谁的狼子野心不是昭然若揭了吗"，实在没有话说的时候还可以振臂高呼口号"谁谁不交代死路一条"、"谁谁不交代就叫他灭亡"什么的。至于这个人是干什么的，因何断定他反了革命，谁也不知道，谁也不会想到需要知道。

总之，不用讲理，还能显得格外有理，而且行之有效，屡试不爽，放之四海皆准，这是孩子也能感觉到的。

到湖北的第一个国庆节，老师布置要写庆祝国庆的作文，我靠了一本各省成立革委会的喜报汇编，抄出一篇全班力作，还作为子弟小学的代表作，上了农科所的国庆园地，放假的时候，我站在芦席搭成的专栏下细细品味自己名字底下那些"蓝天为纸，大海为墨，也写不尽我们的深情"之类放之四海，四海也都在放的句子，黑墨在红纸上写成龙飞凤舞的大字报体，看的时候一长，眼睛都花了，不过心里是挺有成就感的。这样的学习生活延续到1976年，我高中毕业，才发现自己这个十年一贯的好学生，除了批判稿之外再不会写任何别的文字。

国庆节一过，所有的东西又用草绳捆了起来，装车，上路，我们要搬家了。咸宁的房子已经盖好了。

小学只剩下最后一个学期，新的学校又是什么样呢？坐在颠簸的卡车上，想着。

甘棠镇

一条天井似的老街，石板的，冷不丁，有半大猪踩着石板上经年的陈泥，哼着从腿底下走过去，吓人一跳。隔着一米宽的小街，两旁的人家说话间，手里总是刨着红苕，就是北方的白薯。刨成丝，晒干了，就是当年的口粮，占粮食定量的三分之一。食堂里本来掺了米做饭，后来发现盛饭的铲子像长了眼睛，总是剩下一堆黑糊糊的没人添。只好专门磨成面，蒸窝头，才算解决。

甘棠小学在老街的尽头，一座坡顶的二层楼，白墙灰瓦，象极了邮票上遵义会议的旧址。班主任姓黄，脸色青中泛白，穿黑棉袄，戴黑呢帽，锁着眉，

甘棠阁
一九七〇年三月八日

甘棠阁（聂崇正画）

好像哪儿疼，又像生谁的气，袖着手，不理人。上课，用咸宁话带着大家念《海港》的选场"窝要类咋空空，咋熊熊"（我要你再看看，再想想）。下课了，就到开饭馆的蒋师傅那儿去。蒋师傅矮个子，头上有癞痢，也是黑棉衣，黑呢帽，只是多了些个油光，明晃晃的挽着袖子，一股精明气从油光里冒出来。每说起甘棠，就会不由在心里浮现这一高一矮两个黑衣人并肩而立的样子。同学们说，黄老师找蒋师傅，是为了"吃香东西"。蒋师傅店里蒸米糕，揭锅的时候，甜白的蒸汽会缓缓的香一条街。修战备公路时，我在蒋师傅店里买过白饭，不好意思买菜，因为同学没有买饭的。甚至没饭可吃，光吃红苕。红苕，老是红苕。

班里同学大小不一，都是两个或者更多孩子轮流上学，大概识几个字，能算算帐，就不错了。一般人家里都没有现钱，用钱的时候，除了下湖打鱼，或是割一担草去卖没有别的办法。不止一次买过同桌的鱼，她家里有病人等钱用，我们又是要好的朋友。过年时母亲叫我给她家拜年，我觉得挎个篮子出门做客极其不好意思，找很多借口不想去，让母亲说了一顿，说这么大了一点人情都不懂，必须去，只好硬着头皮去了。同学的母亲高兴得不知怎么好，就给我做东西吃，荷包蛋，还有像北方元宵那么大的汤圆，走的时候，又在篮子里装了红苕粉、红苕干、糍粑干等等。

样板戏里唱"提篮小卖拾煤渣，担水劈柴也靠她。里里外外一把手，穷人的孩子早当家"，这些我都会，但还不能算是穷人的孩子。除了念课文记住一两句咸宁话，就是这些总吃红苕的同学，给了我学校里没有的概念——关于钱，还有穷，还有人情。

真的已经长大了，懂了很多事，我觉得。

高大的桂花树，错落的灰瓦的屋顶，笼成一个村庄，一早一晚间，稻草燃烧的香气，低低地蔓延在屋檐下，水牛在场院上，嚼着反刍的草。咚咚剁猪菜的声音，小猪吱吱的。一种迷离的情绪，深深烙印在心里，小学毕业了。

四五二高地

去过干校的人，没有不知道"四五二高地"的，听着硝烟味儿很足，其实一点也不，就是湖北到处可见的低矮丘陵，海拔45.2米的高度。我家住的地方正是"四五二高地"的顶，另有个响亮的名字叫十八

四五二高地（聂崇正画）

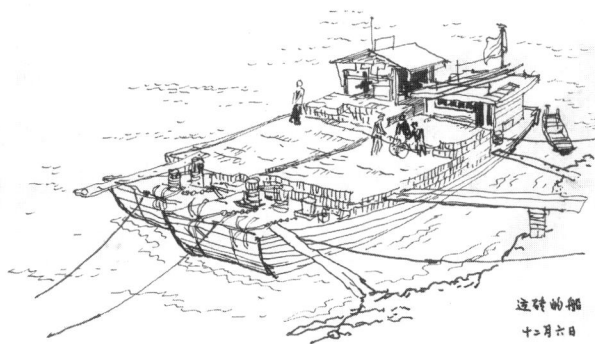

运砖的船（聂崇正画）

间。和那些世代相传的地名不同，这里真的有十八间房，砖的。

十八间是个分界，往下是连队，往上是家属。站在坡上看得见邮电所、变电站和三八湖，那儿算是干校的大门，北京来慰问团，彩楼就搭在那儿，装满红砖的大卡车在坑洼的红土路上开过来，从长江边上的码头——潘家湾，传说中火烧赤壁的地方。车上两个押车的，头上罩着白花花的蓝制服，看不见脸，一车砖，两个人，一齐颠簸着，"刷"，起来，"刷"，落下去。没有一块错位。铺天盖地的一团红尘紧紧随在车后。

五七中学就在家东边一座略微突起的土岗上。刚到"四五二"的时候，学校还没有完工，整天听见"啪啪"的声音，说是在盖干打垒，从大庆学来的，冬暖夏凉什么的。二十几年后在一部关于长城的电视片中才知道，干打垒真正的名字叫板筑，是已经使用了几千年的建筑方法，今天的甘肃新疆一带仍然有干打垒的房子。干打垒的地面看上去像水泥地一样平，就是不能沾水，沾了水，比冰还滑，可能这就是本地人从不盖干打垒的缘故吧，一方水土才养一方人。

在五七中学的这一个学期里，该开的课都开了，连体育和政治课都开了。政治课老师是东北人，有口音，把"石油输出国"说成"思油酥粗果"，这就成了他的代号，姓什么到忘了。两个教数学的都是女的，一个是金兰老师，因为是杜廼松叔叔的爱人，所以算是九连的家属，教初二初三数学。一个是刘淑玲老师，本人是五七战士，教初一。劳动时男生老给她们使坏，故意把箢箕里的泥装的满满的，想看老师的笑话，不过没看成，老师挣红了脸，还是把土挑走了。教英语的带眼镜，略微有点含胸，好像是电影局还是外国文学出版社的？男生跟他很熟，叫他老汤老汤的，头天晚上看了《打击侵略者》，第二天就让老汤给学学美国兵查哨时说的话，老汤也不恼，真给学来着，挺像的。

课是全，只是没时间上，总有连队来要人，不是春种，就是秋收，总是在田里的时间多，总是和连里的人混在一起。所以记住的是田里的生活，是大人的事。

大人的事

学生回连劳动，由连里派的吴志根带队，吴叔叔是浙江义乌人，是我们家的大同乡。年纪相仿的人叫他"阿根"，还有个外号叫"黄牛"，不知怎么起的。后来有人根据这两个名字编了一个谜语，是"黄牛死了——打一国家名"，谜底是"阿根廷（挺）"。

双抢的时候，大人都三班倒，学生们的出工时间也一再提前，叫早是吴叔叔每天的第一件工作。天还完全黑着，就听见窗户外"传荣传荣"，低低的，温和的，又要叫醒，又怕叫醒似的。灯亮了，才又转到别家的窗下。

当时劳动都穿胶鞋，但方头方脑的解放鞋和蓝色白色的网球鞋之间，却流露出小小的不同，记得有几个阿姨特别爱穿网球鞋，一样是晒的发白的制服，总是比别人干净一点，也许还会有一件碎花的衬衣领子翻在外边。是已经逝去的学生生活的痕迹？还是青春的本能，不甘心也不承认没辙的现实？我不知道，只是留下很深的印象。因为在《中华活页文选》里读过聂政的故事，所以聂崇正这个名字一下就记住了，想象着聂叔叔有一天会像聂政那样作出一番悲壮的事情，隐隐的为知道了一个人人都不知道的秘密而不安着。但事实上一点迹象也看不出，聂叔叔很活跃，开联欢会时，他老是在那个著名的三句半《美国兵在越南》里当那个接下茬儿的，别人说"见着钢笔也害怕"，他就说"带尖儿"，还"当"的敲一下锣。

高富于也是这种年轻叔叔，话少，从不高声，就连跟狗说话也是。很特别。下湖劳动的中午，整个工棚全是横七竖八睡着的人，我常一个人在泥里用脚摸莲子，莲子的壳是黑的，木质的，很硬，听大人说，要种的话必得在砚台上磨穿，再埋进泥里才能发芽。高叔叔也不睡觉，一个人东游西逛的。他给过我好些他摸的莲子。后来听说，他是"五一六"，再后来又听说，干校全部撤退时，他没有回故宫，去了少年之家，给孩子拉手风琴。

杨玲阿姨曾经用了很长时间教我和冯晓琦唱一首江苏的小调，用软软的吴音唱出来是"呒吗吾们来棕地，天桑无谓落伯米。帮呀丝，五更起，棕咨伯米些要用力气"。意思是"没有我们来种地，天上不会落白米。半夜睡，五更起，种出白米皆要用力气"，是土改时教育农民的歌。

花开时节

干活一点不难学。起秧又好看又好玩的，先说秧马，就是水田里的凳子，上下都是板，下边的一块还是两头翘，在泥里也不会沉，不会倒。腰里掖一把马兰，起秧不能一把一把的扯，那样就把秧床的泥全扯没了，插的时候还不好插，只能一根一根的扯，够一把了，转身在秧床间的水里涮干净，不带泥，秧交左手，右手揪一根马兰，像绑粽子那样拦腰一个活扣，让插秧的人一扯就开，才是技术。干这活特别能显出麻利来，让人由衷的自信。插秧就累一些，又开腿陷在泥里，但眼见得一片绿色在面前伸展，也会在心里觉得自己好能干。最不好的就是挠秧，所谓挠秧，是用手在已经生长一段时间的秧苗之间抓挠，破坏根部，促进分蘖，会使水稻生长的快而且好。又累又不出活，指甲都磨秃了。

　　干活不觉得什么，难的是上厕所，工棚旁边有个厕所，逢到雨天，一步一滑走回工棚上厕所，里外都是湿的，只是外边的泥是冷的，赤脚踩着很自然，厕所里的泥微微有点热，踩上去从脚心上觉得恶心。后来发现了那块著名的油菜地，就再也不回工棚了。半人高的油菜，蹲下去四外看不见，菜花的苦香和蜜蜂们嗡嗡营营的古老声音，使人终生难忘。

　　虽然是南方，冬天的湖里，也冷，也结冰，湿了的衣服和鞋就一直湿着，第二天也不会干。每天父

父亲在咸宁干校家门前

亲下湖临走时，穿上母亲用破绒衣改的裤衩，在雨鞋里浇一点开水，赤脚趁着热乎劲穿上，这是有家的人才可以享受的，住集体宿舍的人就只能咬着牙往冰凉的鞋里伸脚了。阿姨们流行的冬装，都是毛线裤衩，休息日常常看见她们夹着各种反复改造的作品。最手巧不怕麻烦的，把棉衣拆拆改改作成棉裤衩。听父亲说，他们挖泥的人，中午都得喝几口白酒，才能把下午的活干完。伙房送饭时在米饭里插几瓶白酒，走一路酒也热了。开饭，大家拿饭盒先倒酒，趁热喝，再吃饭。据说酒量都不小呢。

大多数人挺过来了，当时流行的口号是"抢阴天，战雨天，晴天一天当两天"，总而言之，没有正常，这就是干校的正常。唐兰伯伯在潘家湾码头，不会挑砖，分配他夜间看守，算是照顾。唐伯伯人矮，身材很圆，站在砖头堆的小屋里四面观察，样子有点好玩。这间屋子就叫熊猫馆。吴仲超、张景华、罗福颐几位伯伯则整天提着小锄小铲在菜地里忙，据说，吴伯伯为了不让小孩偷吃西红柿，特意准备了水果糖分给他们，以至分糖领糖成为一种不成文的规矩而一直被遵守。天旱，号召所有的人参加抗旱，徐邦达伯伯人太瘦弱，实在挑不了任何水，又不能不参加，只好一只手提一把水壶，腰板笔直，微微晃着，也在抗旱的队伍里朝前走着。

但印象最深的，是一个和我同岁的姓孟的男生，中午游泳时淹死了。上午还在一起干活，下午集合的队伍里已经没有他了，听同宿舍的人说，游泳之前他理了发，把所有的脏衣服都洗了，劳动穿的球鞋也刷干净了，没有留下一点让别人操心的事，然后就再没有回来。

向阳湖里的荷花特别茂盛，人走进去，就像走进树林一样，荷叶荷花在上边，人在下边。不知为什么，每当想起这个夭折的男孩，就会联想到这些茂盛的荷花。一个十三岁的男孩子，永远留在那个太阳白花花的夏天里，留在太阳也晒不着的阴凉和清香里。这是真事，也是个故事，只是很短，短到他不能自己来讲这个故事。

而向阳湖的荷花仍然茂盛着，在每一个夏天。

小力是狗的名字

小力是一条狗的名字。

从咸宁搬家的时候，连里派了几个人帮忙，高富于叔叔也是其中一个，当时小力很生气，不愿意把家

1971 年 5 月在咸宁五七干校家门前，左起朱传荣、赵仲巽、朱传栘、朱家潽、朱传栩、朱家濂

赵仲巽、朱家潽、朱传荣、朱传栘，抱的是小力

弄的乱糟糟的，高叔叔他们要拆床，它就故意躺在床下不出来，好像在说，看你们敢把我怎么样。高叔叔蹲在床边，和气地叫着它的名字说，小力，咱们商量商量，你让我们把活干了，好不好？来。小力好像知道不好意思，就不再和高叔叔们捣乱，可对家里失去常态仍然不满，过去我们睡床的时候他是从来不上床的。家具搬走之后，小力常常故意从我们的地铺上走来走去。这里原来正是他睡觉的地方。

这个小力真的主人是梁匡忠家的小儿子梁燕生，从金水闸搬家的时候，所有的人都忙着运东西，最后上车的父亲，看见一个小狗坐在已经空洞无人的门道里，完全不知所措的样，那时候，它还不会"汪汪"地叫呢。父亲不忍心丢下它，就抱在怀里上了卡车，在颠簸的红土路上走了一天才到，也整整抱了小力一天。这样，到了咸宁，它就很自然地把我家看成是自己的家了，在我家，有它吃饭专用的碗，床下一堆准备当柴烧的玉米棒子上有一个旧垫子，是它睡觉的地方。

不久后排房的天秀要住到湖里的工棚去，说好带小力一起去。天秀先生是个很细心的人，上路那天，过来抱小力的时候告诉我们，还带了一只老鼠，是给小力路上吃的。咸宁的老鼠很多，但天秀先生怎么弄到，不知道。只是觉得狗和这样的人在一起很放心。果然，再回来的时候，小力长大了好多，完全是一条大狗，会看家了，整排房子都是它管，显得很忙，跟我挑水的时候，在大道上也会大叫一顿，表示尽责。后来碰见一个不怕狗的，不仅不走开，还弯下腰说，我说你这小狗，我又没上你们家去，这儿是大道，怎么能上大道咬人呢，是不是？小力不出声，也不看人家，只把尾巴很快的摇摇，怪不好意思的。那人看它能懂话，就说，握握手吧，小力居然就把右爪抬起来，和人家握了。以后它就记住了，一是不在公共场合叫，一是知道握手。尽管仍然用心看家。

我哥哥来干校探亲，小力和他很快就熟了，有天晚上在五七广场看电影，因为一部片子在干校的三个区跑，中间常常等很久也不来，大家仍然极有耐心的坐在原地，坐久了，有点冷，母亲叫哥哥回去拿件衣服，那天月亮特别好，从五七广场可以一直看见我家房子的山墙，母亲指给我看，说你看，小力不放心你哥哥呢。一个高的影子在前面，是我哥，一个矮的影子，翘着大尾巴在后面，是小力。

有的人家回北京了，养的母鸡不舍得杀，到处求人买，再三说今天还有个蛋呢。我家买了，当天就下了蛋，鸡生的很好看，是真正的草鸡，黄中带黑点，脸和冠子红得特别好看，很乖，大家多夸了小母鸡两句，小力就不高兴了，故意把小鸡吃的米舔了一嘴，嚼得咯咯响，还把鸡喝的水用嘴拱翻。嫉妒之情溢于言表。

当然，走的时候没带它，没办法带，坐火车怎么能带狗呢。那天，它和别人下湖去了，晚上回来看见屋里空无一物，立刻跑出来，一直追到班车开的地方，再没有味道可寻才回来。我们住的房子连里给了一对年轻夫妇，他们本来已经是小力的熟人，小力睡觉的垫子，吃饭喝水的碗都留给了他们，按说一起住是不成问题的。据说一开始也真不成问题，可是后来，有一天，几个单身汉打了一条狗，聚到这一家，把狗炖了，吃了。快到九点钟时，这家的叔叔让吃肉的人收拾干净。没一会工夫，锅刷了，地扫了，门窗打开，广播里《国际歌》就响了，小力已经站在门口了，跟往常不同的是，它不进来，尾巴在身后摆来摆去，一脸狐疑，这时再叫它，它一转身，跑了，从此不进这个门。

后来，干校里人越来越少，狗显得多了，于是一时回不了北京的人就拿打狗当作消遣，据说，有人看见了小力的皮挂在谁谁的宿舍里，到底是谁，我不知道，家里人是在好几年以后才告诉我的。小力的母亲是农科所的狼狗，偷跑出去，和普通的柴狗结婚，生下了一窝小狗，小时候和普通的柴狗没有区别，耳朵耷拉着，张开嘴是糊馒头的焦味儿，夜里看不见路，还喜欢跟人出去，必须用手电一直照着它，要不，就坐在你身后吱吱叫起来。

不敢想象我们离开的那个晚上，更不敢想象炖了狗肉的那个晚上，小力想了些什么，它一定对人伤透了心吧。从此我才明白，为什么母亲不许我们养任何小动物，无论猫还是狗。

因为，人，常常当不起他们的信任。

总是有一天，人会说一句没办法之类的话，卸掉肩上的责任，就像吐一口痰那样。把那个视你骨肉一样的异类朋友，丢在随便什么地方。就像我们所做的那样。

所以，母亲说，不养，会说话也不养。

小鸡，还在每天下蛋，现在轮到我们求人家收下它了，也殷殷的告诉人，留一天吧，还有个蛋呢。

安置均州

均县在湖北的西北，跟河南隔一条汉江，说话像河南，唱的歌还是湖北味儿的。夏天比武汉和咸宁都凉快。周围是石头山连绵起伏着，看不见头，咚咚放炮崩山的声音从天亮时响到天黑，路很宽，也很陡，拉石头的板车没闸，下山时，全凭车辕的尾部擦在路面上减速，刺刺拉拉的，人让一车石头吊得挺高，一跳一跳地往山下冲。碎石的路面划出两道沟，这一辆车的土还没落下去，下一辆车就到了，山路上整天灰蒙蒙的。

在宋代，均县叫均州，是个服劳役的地方。某些官员犯了错误，从日常的政治活动中退出了，他的小传上通常有"安置均州"一词。在这个地方设"文化部干部安置办公室"可说是有历史渊源的。

汉江从城外流过，本地人叫丹江口，因为著名的水电站而发达显扬是70年代以后的事，甚至成了丹江口市。附近有名的地方挺多，有襄阳，有湖北的诸葛亮故居——隆中，有劳改农场，50年代湖北一省右派都集中在此。有"二汽"——中国第二汽车制造厂的简称，60年代中国著名的三线工程之一，是为了备战特意建在深山里的一座汽车城。还有，武当山，在当

父母亲在丹江干校自家窗前

父母亲在丹江干校墙报前

时远没有武侠风靡的时候那么有名，武当山附近有一大片未经开发的原始森林，就是后来非常著名的神农架自然保护区。往上经老河口往河南境内去，不远就是南阳，是另外一处诸葛亮故居。

我在湖北上过的最后一所学校，叫均县前进中学。是个很正规的学校，一片很大的校园，不光有教室、礼堂、操场，甚至还有乒乓球台，家在外县或农村的老师学生还有宿舍住。

在这儿，学过一点英语。大部分是毛主席语录，"工人阶级是领导阶级"，还有"毛主席万岁"和"万万岁"等等，另有一些军事用语，像"站住！缴枪不杀"。数学老师教我们"右分"（回北京很长时间以后，我才知道这个字是"约"，读做"右"是因为老师的湖北口音），语文老师特别注意记笔记写作业时的回行问题，譬如一行的末尾处只有两个字的空格，就不能让毛主席三个字拆开，要把"毛主"两字也移到下行的开头，跟"席"搁在一起，保持书写完整性在一定程度上似乎可以保证忠诚什么的。类似的词还有毛泽东、毛泽东思想、毛主席的革命路线等。

劳动不是很频繁，大规模的劳动只参加了一次，是全校去水库工地勤工俭学，说是扫水泥。具体操作很简单，就是把倒空的水泥袋翻过来，用扫帚把沾在袋子上的水泥扫下来，照干校的生活经验，这么做一般都是弘扬艰苦奋斗的精神为主，得到的水泥与付出的人力比不计，用一个专门的名词叫"不算经济账"。这种做法直到80年代还在一些模范单位、先进个人的事迹里供人参观学习。不过我们学校可不是为了什么精神，就是为了水泥。事先安排了嘴甜手快有经验的同学，专门找工地上的妇女，上年纪的人，大娘婶子叫着，叙着家常，手里干着活，大娘婶子们自然乐得歇口气，就全都交给学生了。学生人多，分工明确，活是越干越快，袋里的水泥也越剩越多，半袋、整袋都飞快地传走了，装车了，拉走了，用这些"扫"来的水泥，学校铺了一条贯穿全校的大道，还给每个教室前垒了乒乓球台，学校面貌焕然一新。就是混凝土里水泥少了一点，沙子就显得多了一点，干燥后，总不断有沙子分离出来，学生们跑在水泥路上一不小心就滑个跟头。

参加劳动的时候深感不解，这不是偷国家吗，怎么叫勤工俭学呢？父亲说，这算什么，凡有大工程的地方，都得养点小工程。四清的时候，我们队里要修个小水电站，没地方批水泥，也只能找上几个一等的好劳力，趁月黑天，上工地扛去，工分按最高的记。工地上这种情况见得多了，也睁只眼闭只眼的，只当没看见。

那这么做对还是不对呢？

没有什么对不对的，父亲竟然说。

均县这个地名没有几个人知道，我敢说即使在湖北也是。要说丹江口，一定有人问，就是水利发电站那个丹江口吧。

就是。

报纸上说，南水北调要开工了，南端是丹江口。

与吃相关的事

　　编辑要求我写一些王世襄先生与吃的事，很自然的也会想起我父亲。他们二人同年生人，又都是南人久居北地，这样的家庭在老北京人口中被叫做"南边人"（这里的"边"不能儿化），是与传统意义上的北京人不同的。而他们二位的口味都是相当宽泛，既保留了一部分各自家乡的习俗和口味，也安然地接受北京四季节令的正常饮食，并不特地坚持什么，反对什么。纵观他们的一生，起起伏伏，在吃的事情上，去除物产的流通等环节，也还有家境状况的变化这样重要却隐形的原因。总之是，到什么时候，说什么话。

　　尽管他们都曾经有过关于饮食的文字，参与过餐饮行业的评比，但是落笔之际，觉得用美食家之类的词汇来形容我的长辈十分陌生，他们都是能够很好地享受食物之美的人，唯有口福二字适合他们二人。而我能够讲出的事，也仅仅就是与吃相关，而不是别的。

年趣

2012年的元旦正是腊八，北风凛冽，冬天的味道很足。

一进腊月，就要开始一早一晚照顾盆中的水仙了。白天加满水，放外边窗台晒太阳，晚上倒干净水再进屋，不能嫌折腾。这样养一个月，所有的花箭子都能长出来，花在上，叶子在下。壮而绿，不疯长。这个方法是王伯伯教给我的。

还教了我一个用卞萝卜做盆景的方法。选叶芽无伤、个大皮红，无疤痕，周正的卞萝卜，尾部削平，雕成浅盆，铺满泡过已经发芽的麦粒，置于蒸锅里垫盘碗的铁圈上。每日浇水。萝卜的叶芽完全长出来的时候，包裹着红色的萝卜和娇嫩的麦苗，可在水仙未开时先得几分年趣。

萝卜盆景应该是地道北京人的发明，五十年前的北京人家，到了腊月常常看见一只浅盘，托着用线穿成串的蒜瓣，也许在堂屋的八仙桌上，也许在高处的

按照王伯伯所授之法养的水仙，父亲非常欣赏，专门照了相。

窗台上，这儿那儿，追着冬天里的太阳，直到白白净净的蒜瓣，齐齐放出一盘新绿。一家人看青儿（北京话里把种植开花少或不开花的绿色植物统称为"看青儿"，与此相对应的还有看花儿的，结果儿的)之余，冬天吃炸酱面，现吃现剪的一小撮蒜苗能把一顿平常的家常面条变得活色生香起来，也会让每天捧着盘子追太阳的主妇得到最直接的收获乐趣。不过，蒜终究是蒜，无论蒜瓣还是生长的蒜苗都会发散蒜味，吃饭的八仙桌上可以摆，书桌上摆就不适合。我猜，萝卜盆景就这样从泡蒜变化而来吧。秋冬时节，北方最多的是萝卜白菜，萝卜中又数大红皮的卞萝卜最贱，所以，用卞萝卜做玩意儿，也是所有人都有能力玩儿的。麦子并不难得，日常交往的进城卖菜的人，或是农村里有亲戚的家庭，都能很容易地得到一把麦子。我在不少修车（自行车）铺、大的存车棚里都曾经看见过。老师傅用铁丝吊着的萝卜盆景，红绿相间的一簇春意悬在昏暗一片混着机油味道的空间里，使春天变得可以期待了。

油浸鲜蘑

"文化大革命"结束，很多原来不敢想象的事情可以想，可以作了。王伯伯开始写他的《明式家具研究》，为了能够有足以说明问题的家具结构线图，王伯母自己学习了绘图。王伯伯在伯母去世之后，回忆说：

最为繁重且经过较长时间的自学练习始能胜任终又备受赞誉的，是荃猷为我的明式家具专著及论文绘制的线图，总数几达千幅。她因根本没有用过制图笔（通称鸭嘴笔），且在我收集研究明式家具之前，她并不了解其造型及结构。为介绍当时尚不甚为人重视而其中却蕴涵着极高的造型艺术的明式家具，必须广事搜集不同品种、造型的实物。个人收藏，有发表出版权的自然有限，采用他人所有或已经出版的器物，必须将其改成线图方能采用。此为能否出版必须首先解决的问题。且只有制成线图，纵横结构，阴阳榫卯，才能使读者一目了然。为此我曾延请工艺美院家具系毕业的高材生及家具厂家的绘图师，但所绘均难符合要求。荃猷则竭尽全力，从头学起，勉强承担这一任务直到能完全达到要求。《明式家具珍赏》及《研究》两书出版后，译成英、法、德文字，不胫而走，风靡世界。

我知道，在那些老两口合作《明式家具珍赏》与《明式家具研究》的日子里，冰箱里必定放着大大一碗炒雪里蕻，有时有冬笋，有时有肉丝，再往后，市场上开始多见鲜的口蘑了，就会有一大碗蘑菇，王伯伯给的正式命名是油浸鲜蘑，"只能用新鲜的白圆蘑，以小而肉紧，洁白如雪为佳。用较多的素油煸炒，加精盐、酱油及姜末。吃辣的可先炸干辣椒再下鲜蘑，或先煸蒜茸亦可，悉视个人的口味而定。要煸炒到大部分水分挥发掉再出勺，宜热吃更宜冷食，放入冰箱，可数日不变味。这是参酌吴县太湖地区洞庭东西山民间所谓'寒露菌油'的做法。"吴县说的是王伯伯外婆家，菌油其实南方各省都有，菌不同，油不同，味道也各不相同。云南的鸡枞菌，湖南的鹅雁菌都依赖菌油远输他乡。

油是古老的保鲜剂，方便，稳定，保鲜材料和需要保鲜的内容能相得益彰，不产生废物，远胜于塑料制品。曾经在大的超市中看见一种比较特别的外国奶酪，切成一厘米见方的丁，泡在油中，装玻璃瓶，与我国菌油如出一辙。

油浸鲜蘑的做法已经见诸著录，但王伯伯演示过程中的一个环节是未经著录的，蘑菇不能洗，洗了必然吸大量的水，下锅煸的时候就会出过多的汤，含着水的汤就没有足够的蘑菇味道，所以首先买的时候要挑干净不沾泥的，其次买蘑菇的时候还要选没有放开的，边缘收的很紧的。如果已经能够看见蘑菇的皱褶，口感就是完全不同的了。素净而有味道，口感又好。至于酱油的多少，加不加糖，汤保留到什么程度，则是每个人自己的选择。王伯伯所以完全不用食谱的表述方式，是因为他了解口味之有别。

鲜鱼

湖北原是鱼米之乡，"文革"当中干校到了湖北咸宁，但是各个单位的大伙房很少做鱼，偶尔做鱼仍是秉承北京人的习惯，必得裹面糊，过油炸。这一习惯的历史根源是，北京原不产鱼，海鱼运至此，已经接近骨肉分家，无面糊不得以成鱼形，不过油不足以掩异味。

老北京人有一句口头禅叫"糟践年成"，以年成好收获丰而不爱惜来形容好东西不得好吃是糟践，也就是浪费。

在1969年前后，凡是学生上山下乡，干部去干校都会从各自的革命委员会得到一张购物证明，凭证可以买到橡胶雨靴、脸盆、电池，以及没有牙膏皮而购买牙膏等优惠政策。尽管不是应时当令的物资，王伯伯出发时候还是想到了鱼米之乡的特征，在行李中带了香糟，这才有了后来的鳜鱼宴。

王伯伯在《鳜鱼宴》中写道：

糟溜鱼片，最好用鳜鱼，其次是鲤鱼或梭鱼。鲜鱼去骨切成分许厚片，淀粉蛋清浆好，温油拖过。勺内高汤兑用香糟泡的酒烧开，加姜汁、精盐、白糖等佐料，下鱼片，勾湿淀粉，淋油使汤汁明亮，出勺倒在木耳垫底的汤盘里。鱼片雪白，木耳黝黑，汤汁晶莹，宛似初雪覆苍苔，淡雅之至。鳜鱼软滑，到口即融，香糟祛其腥而益其鲜，真堪称色、香、味三绝。

糟煨茭白或冬笋。夏冬季节不同，用料亦异，做法则基本相似。茭白选用短粗脆嫩者，直向改刀后平刀拍成不规则的碎块。高汤加香糟酒煮开，加姜汁、精盐、白糖等佐料，下茭白，开后勾薄茭，一沸即倒入海碗，茭白尽浮汤面。碗未登席，鼻观已开，一啜到口，芬溢齿颊。

1973年春夏间，五七干校已进入逍遥时期，不时有战友调回北京。一次饯别宴会，去窑嘴买了十四条约两斤重的鳜鱼，一律选公的，亦中亦西，做了七个菜：炒咖喱鱼片、干烧鳜鱼、炸鳜鱼排（用西式炸猪排法）、糖醋鳜鱼、清蒸鳜鱼、清汤鱼丸和上面讲到的鱼白溜蒲菜，一时被称为'鳜鱼宴'。直到现在还有人说起那次不寻常的宴会。鳜鱼一律选公的，就是为了要鱼白，十四条凑起来有大半碗。从湖里割来一大捆茭白草，剥出嫩心就成为蒲菜，每根二寸来长，比济南大明湖产的毫无逊色。香糟酒是我从北京带去的。三者合一，做成后鱼白柔软鲜美，腴而不腻，蒲菜脆嫩清香，恍如青玉簪，加上香糟，奇妙无比，妙在把糟溜鱼片和糟煨茭白两个菜的妙处汇合在一个菜之中，吃得与会者眉飞色舞，大快朵颐。相形之下，其他几个菜就显得不过如此了。

正如励志书上常说的，命运从来只眷顾那些有准备的人。有口福的人，就是抄了家，挨了斗，被迁了粮油关系到湖北干校的时候还惦记着鱼的人，想着鱼是需要"香糟祛其腥而益其鲜"的人。

水菜

罗锅菜，不是一种蔬菜的名字，也不是一种菜的做法，而是说切某些菜的方法，有的菜菜梗部分非常粗壮，可以完全用刀垂直切成薄片，薄片的形状是一个圆滑的隆起，所以叫罗锅菜。芥菜这一大族的菜都有粗壮的梗，都适合切成罗锅菜。

王伯伯和伯母给我讲张光宇夫人，做菜喜欢"调调花头"（意即变变花样，讲述中还学着张光宇夫人的口音，把花头念成"忽头"）粗的菜梗与叶子分开，切成薄薄的罗锅菜，用盐稍稍腌一下，攥干。以少油炒食，可以是花椒油，也可以是辣椒油，油香盐香与菜的清脆结合，别有一番味道，是一道下饭的好菜。远胜于和叶子同炒。

炒菠菜是我从王伯伯处受益最深的一道菜。所以说受益最深，是因为这方法炒一切青菜均可得到色香味的成绩。

炒菠菜说的不是春天的菠菜，是入冬后的菠菜，比较矮小粗壮，红根，吃在嘴里有甜味。

洗菜后沥水是第一个关键，炒菜和洗菜之间的时间要比较长，最好是提前两三个小时，菜上的水才能控得干净（水洗过的菜，不用外力，慢慢让水沥干，北京话说"控水"）。百度百科中的第六种解释稍微接近——使容器的口（儿）朝下，让里边的液体（容器一般为残液）慢慢流出。现在厨房用品中有专门用于给洗后蔬菜脱水的塑料盒，有手柄可旋转，利用离心力去除菜上的水，也很好用。不过，有些特别嫩的菜或者不适宜。

水之外，菜的量是第二个关键，炒菜人单手一大把为度，下锅翻炒，加酒和少少的糖和细细的姜末即可。好吃，再吃，则再炒。一次菜多了，"翻不过身来"。

烧葱，也是一道有著录又非常著名的菜。原料虽然常见，但真正符合标准不太容易。第一要应季，初冬，大葱完全成熟，外皮干透。第二葱要好，葱白长而壮，味甜。油要宽，可以让葱段炸的透而不焦。烧葱这个菜，口味醇厚，但父亲有泪囊炎，母亲说不宜多食葱所以学了之后并未多做。而父亲过世之后，一次也未做过。

"我只是个馋人"

与王伯伯最大的不同，父亲没有很多实践经验。用他自己的话说"我只是个馋人，并不会做什么菜"。家里做饭做菜一直是母亲，只有两次例外。

一次是我两三岁时候，母亲大病不能起床大约有个把月。哥哥姐姐们都上学，我已经会走路，没人照看，不准下床，一个人在昏睡着的母亲身后玩一大包破衣服和做补丁的布片。时值全中国困难时期，物质极度匮乏，每天父亲做饭，无非是熬粥，熬白菜汤，蒸窝头，成为我家的常态，晚饭时偶以盐腌萝卜皮佐酒。

第二次是在干校。父亲在画传中记述过：

丹江干校原本是中央文化部设立的"文化部安置
干部办公处"，办公室、礼堂、宿舍、电灯、自来水
等等设备都齐全，原有少数被安置的干部住在这里，
但绝大部分房子空着，所以临时作为咸宁干校的分校
使用。被调来的大都属于老弱病残四种人，算是被照
顾的，老的一类里，绝大多数已到退休年龄，只有极
少数还差一两岁。当时我五十六岁，在不到退休年龄
的人当中是最小的一个，文博系统是第三连，因此获
得一个美称"三连小朱"。到1973年允许家属先回北
京，次年也允许本人回北京。至此结束了"五七"干
校的生活。

1973年，就是王先生大办鳜鱼宴的同一年，我和
母亲都已返回北京，干校的家里只有父亲自己，食堂
仍然准时开饭，但完全依赖食堂的人已经不多，尤其
是年节时候，食堂宰猪，可以领一份肉回家，愿做什
么做什么。父亲做了几次红烧肉，大获成功，并在剩
余的"五七战士"中享受了专家级别的被推崇。让母
亲每言及此都乐不可支。暑假，我去干校探亲，不是

年节，没有吃红烧肉的幸运，但吃了几次超过北京家中标准的西红柿炒鸡蛋。西红柿炖成浓稠的汁，鸡蛋松而嫩，吸足了西红柿汁，酸甜鲜嫩齐备。我从北京带了花生油和白糖，能让父亲在完全顾及口味的情况下做菜，这是当时母亲在北京不能及的根本原因。要不怎么说"穿衣吃饭亮家当"呢。

父亲在《画传》中有一次说到吃，是"文化大革命"中某一次抄家之后的情形：

"……于是动手查抄到晚九点，李先生毫无收获，和诸位辛辛苦苦地败兴而归。我们一家人才考虑吃晚饭。仲巽下午本来正要出去买点菜，尚未出门，李先生就来了。当然就不可能出去，到这个时候只好用葱花炒一锅窝头，有些咸菜凑合一顿。我喝了两杯酒，吃两碗炒窝头，就睡了。"

所谓"两杯酒"在这个时期通常是副食店零买的，有时候因为没有钱，或是其他原因没能买，还可以到三伯父家中要一杯。从时间上看，这天的酒可能是要的。因为本来打算去买菜的，所以证明家里还有钱。而炒窝头在上世纪60年代的很多年里经常算作是父亲的优待饭。

"哪儿吃去"

第一次自己去王伯伯家，是父母让我去送几只南方捎来的冬笋。告诉了门牌，芳嘉园15号。二十几岁的人了，仍然被当作小孩，满屋子找吃的东西给我，和伯母两人笑眯眯的看我吃，还有专门带走吃的。这种习惯一直延续下来，好像也不止我一人。有时，专门让去拿吃的，有时是有事情而附带吃和拿。

在王伯伯家吃过很多次饭，正式邀请到家里吃饭却仅有一次，是陪父亲去的，也就是《锦灰堆》中"答汪曾祺先生"中写下的几个菜，炖牛舌，牛肉汤，猪扒，冬笋，炒菠菜。大家围坐桌旁，王先生往来厨房饭桌之间，一道菜上来之后，手里还拿着炒勺，待大家嘴里都吃上了，谦虚地问大家："还成吗？"大家顾不得菜烫，赶紧腾出嘴来说，太好了。王先生乐了，紧跟着一句"哪儿吃去"。自信、得意的劲头儿满身都是。

得意缘

父亲喜欢照相，所照人物像中以母亲最多，从新婚开始，到融入大家庭之后的日常行止，游山，赏花，读书，扮戏，因此成为"文革"抄家展览中的一个看点，相册上的照片在展览中陆续丢失，发还抄家物资时，相册上空白极多，我们不明白，父亲说，空的都是你娘。到了干校，慢慢听说，好多人手里曾经藏过母亲照片的。

因缘之分

在说到父母的婚姻之前要先说一个人，沈兆奎，字无梦，号羹梅，江苏吴江人。在清末新政实施过程中，去日本考察过教育，回国后在学部任职。藏书，也藏金石碑帖等等。今天可以查到的介绍，说他是版本学家，金石学家等等。母亲的祖父荣庆是清末学部尚书，从这一点推测，沈羹梅先生与母亲的家庭之间是有着不止一代的交情。据我知道对沈先生执弟子礼的有我的舅舅赵元方、赵季方，我的大伯父朱家济，大伯父还介绍了后来毕生研究训诂学的陆宗达。

同门的朱家济与赵元方彼此十分投契，大伯父常去外婆家，舅舅也常到我家，得到了双方家长的认可。因此，提到了父母的婚姻。

母亲认识大伯父在先，叫朱大哥，认识父亲在后，叫朱四哥。大伯父与父亲随着舅舅，叫母亲"二妹"。未谈婚嫁时彼此知道，但仅此而已。

两人的家庭都爱看戏，亲朋好友中办堂会也多。1934年，有一场堂会戏，父亲在画传中有比较详细的记录——

我第一次在昆腔团体中演戏是二十岁的时候，陆宗达大哥的祖母寿日，约了韩世昌、陶显庭、侯益隆等昆腔班在福寿堂饭庄唱堂会戏，宗达大哥自己演《单刀会·训子》，谭其骧兄演《长生殿·闻铃》，我和宗达大哥的女儿陆敏演《邯郸梦》的《扫花》，我演吕洞宾，陆敏演何仙姑。另外我还为李宝勋的《芦花荡》配演周瑜，为谭其骧的《闻铃》配演陈元礼。其余戏都是昆腔班专业演员的戏。堂会戏照例是日场戏连着夜场，虽然我演三出，但一出和一出之间相隔时间很长，所以并不累。这是我结婚的前一年。那一天我的未婚妻赵仲巽在台下看戏，坐在她前后左右的人都听见她对我的评论，她说："朱四的《扫花》演得真好，《闻铃》的陈元礼也不错，有点杨派武生的意思，《芦花荡》的周瑜不怎么样。还是吕洞宾的扮相最漂亮，总而言之是戴黑胡子比不戴更好。"没有多大时间她说的话就已经传到我耳朵里，大概对于我们后来的结婚有些促进作用，因此我也对于这场堂会戏留下了很深的印象。第二年我们结婚了。从此听戏的时候，我们也是伴侣。

据说，演堂会戏之前，大伯父与我的舅舅已经说到父母的婚事了，只是两个当事人尚未知晓，为了解母亲对父亲的看法，看戏的时候，舅母还特别问，你觉得朱四的戏怎么样。没有料到母亲对三出戏中的三个角色有如此精到并直接的看法，回家告诉给舅舅之后，"戴黑胡子比不戴更好"遂在一众朋友中传为佳话，也成为父亲一生的骄傲。

这场堂会戏除去父亲，在《悠悠长水——谭其骧前传》中也有记载："谭其骧还曾与傅惜华、朱家源、朱家溍、陆宗达等在绒线胡同的国剧社学唱昆曲，由红豆馆主的笛师亓伯维拍曲教唱。……陆宗达的父亲是邮政局长，家境富裕，1934年他祖母八十大寿，在家演戏。陆宗达自演《训子》，用的是昆弋社的班底。谭其骧与朱家溍同台演《长生殿·闻铃》一场，分别饰唐明皇和陈元礼。这是他首次登台，一出场，向达等就在台下大声叫好，他心里一慌，差一点把帽子掉下。这是他唯一一次化妆登台。"父亲听我给他读了书，想起来谭先生称赞自己的话，用谭先生的口音学给我，"我曾（真）不像一个皇帝，你到曾（真）像一个将军。"

得意缘

结婚之后，不仅听戏是伴侣，还有过一次舞台上的合作。父亲的十姨生日唱堂会，家里不少亲戚都加入演出，母亲也动了心。于是父母亲演了一出《得意缘》，父亲演卢昆杰，是个能装傻充愣的书生，母亲演云鸾，是一个侠盗的女儿，天真机敏集于一身。这出戏的唱很少，几乎全是对话，还全是夫妻的玩笑话，关键是夫妻演夫妻，观众又都是家人和朋友，可

《得意缘》演出前

母亲的旗装像

344

以想象效果有多好。

有个爱戏的小朋友开玩笑说，以后结婚的时候一定要和媳妇儿唱出《得意缘》，名字就吉利，讨个好口彩，只是得意的媳妇儿好找，能唱《得意缘》的媳妇儿就难了。

可以想见，父亲真是得意呢。

母亲在自己家里是独生女，爱玩，爱美，有十分任性的一面。但是不娇气，不矫情，有担当，有见识。待人真诚，在大家庭里，公婆、兄长、妯娌、侄子、侄女，甚至在有条件时用的佣人，都喜欢她。

母亲生下来就有先天性的心脏病，还有近视，所以，外婆特别鼓励母亲和舅舅们一起玩儿，放风筝，划船，逛山都是母亲的长项。

从小，就常常听父母两人说与风筝相关的各种，父亲甚至在《画传》中写下了很详细的一段文字——

从儿童时期到青少年时期在玩的方面喜欢放风筝。总是大哥领头，依次是二哥三哥和两个姐姐，每人都有风筝，每年腊月里就开始准备，过年前后就可以放了。大约可以放到清明，风筝大的类别可分三类，一类是硬翅膀，一类是软翅膀，一类是拍子，每

游西山管家岭

游大觉寺

346

类都有很多品种，从三四尺到一丈不同的尺寸，每个品种有很多花样。硬翅膀，是左右翅膀轮廓都用竹条扎成两肩匀称的受风处。硬翅膀风筝最流行的是沙燕。沙燕又有肥瘦之分，花样有花素之分，素的全用烟子画，名叫"黑锅底"，花的除必须以黑烟笔画翅膀，头顶，尾翎以外，都用彩色笔画主题花样，例如五蝠、七蝠、九蝠、云龙等等题材。沙燕以外有：蝴蝶、牧童骑牛、通天河（唐僧四众及大龟），红萝卜、大白菜、红喜字、红寿字等。软翅膀的风筝只有翅膀的上边是用竹条扎成边框，下半部是活动的，最流行的软翅风筝是蝙蝠，蝴蝶，老鹰等等。这三种最自然，像真的，尤其老鹰在天空盘旋的飞翔和真的老鹰一样。拍子风筝的形式是没有翅膀，周围用竹条扎成轮廓，是一扁片，下端垂着一条绳子，以巩固它在空中的稳定。流行的有钟、鼎、蝉、青蛙、《打面缸》戏里的四老爷等等。

风筝中还有一种是硬膀的结构，但下半部是随风飘而没有竹条轮廓的，例如龙睛鱼，鲇鱼，也和真的一样。龙睛鱼的尾部，鲇鱼身用绸或布来制作。还有一种既非硬膀软膀也非拍子，是用竹条扎成一个个圆光，每个圆光横扎一根竹条，竹条两端有纸穗，每个圆光相距约半尺，用麻线连接起来若干圆光成为一条大蜈蚣，放起来很有威严气象。当年放八尺以下的风筝就在家里房顶上放起来，然后把线系到院里。如果放八尺以上的风筝，例如一丈的沙燕或八尺的拍子，都要拿到皇城根北箭亭空场去放。

除了在金受申先生的文字中，再没看见过对风筝如此生动细致的描述了。这一大段风筝的内容是父母两个人多少次聊天的精编，另外有些相关的，父亲没有写，我虽然记得，却又不能说完全。

譬如母亲说，放风筝老弦最好用，但是放线的时候，勒手，大褂的底襟撩起来垫着不错，厚薄随意，不用时放下即可。就是容易破，而且成排的一道道口子，看上去很怪。大人会立刻发现。父亲也有相同的经历。是琴上用的弦吗？不能解释。

譬如父亲讲过的，有一次，爷爷出门了，家里的几个哥哥放风筝，母亲也上了房，正在兴头上的时候，眼尖的大哥发现爷爷的车已经到大门口了，飞快地下了房，还把梯子挪开。爷爷进了院子，母亲才听见，再想下房，梯子没了，站在房上叫了爷爷，很坦然，并没有如大哥所料的窘迫。爷爷也觉得挺有意思。

新婚后不久的母亲

生，或死

母亲幼年时多病，最严重的一次，外婆已经不抱希望了，让看娘的老王妈把娘从睡觉的床上抱到马号。一百年前，家里有车说的是马车，有马车就一定有马，马号是马休息的地方，地是黄土铺的。娘在马号的黄土地上昏睡了三天，老王妈守了三天，竟然醒了，赶紧喂米汤，一点一点，从此活过来了。外婆给老王妈打了一对金镯子，说这孩子一条命是你捡的，以后这是你的闺女。

1943年父母离开已经沦陷的北平，到重庆去。路上走了五十天，既坐过准时开车的火车，也坐过牛马骡之类作动力的车，也有很多时候，路况差，不能通车，人力架子车可以载着行李，人在地下走还更便当安全些。母亲从此对走路有了经验，说，如果太阳出来上路，日落之前住宿，一天走六十里。如果天未明就走，走到天黑再住，差不多可以走一百里。少年时代爱逛山练出的脚力，想不到发挥了最大的作用。

由陕入川，搭乘司机挣外快的"黄鱼"车，父亲的记述是——

每辆车上装着几个方形的大棉包，据说每个棉包

故宫博物院院庆六十周年午餐会上，三伯父与父母亲。

在丹江干校，母亲、父亲与哥哥传棠。

有五百公斤，平平整整略高出车帮约二三寸，车上的一点小空当已被二人占有，我们只能坐在棉包的平面上，虽然单摆浮搁无可依靠，然而可以四面畅观风景十分爽快。

车的右边往下看是嘉陵江，地名叫明月峡，车的左边是峰顶，周围有隋代的很多洞窟造像，下半部分有一层因修公路已经被破坏。我正在扭着头看造像，突然看见路牌上写着"急弯慢行！"但我们车的司机大约是睡着了，不仅没有慢行，也没向左转弯，而是照直把车往前开下去了。车身猛的倾斜，就把坐在棉包上的我们三人一齐抛下山去，幸而落在了江边的软沙滩上才免于一死，当时陷在沙中很深，我爬出沙子以后发现衣服里外的纽扣全都脱开，嘴里啃了许多沙子，然后把仲巽揪出来，但未见三哥，我用力喊他，只听他在什么地方说："我在这儿哪。"原来汽车正落在他上面，但汽车的底盘并未碰伤他，就是出不来。于是我就用手挖沙子，把他从车旁挖出来，居然一点伤没有，还在咯儿咯儿笑。

事后说起来，当初还羡慕先来的两名乘客，在棉包缝隙中有个小空间，看上去像坐沙发一样惬意。谁想翻车时却卡在棉花包中丧生了。

穿衣吃饭之理

到了重庆，安了家，最初一年多住的房子就是竹子与草两种材料，当地有一种叫做"捆绑房屋"的方式，不到半天就可以从无到有矗立在任意空间。屋里必用的几样家具全系竹制，双人睡的大床、桌、椅、凳都是。

我的哥哥是1943年出生的，父亲周末才能回家，平时只有母亲照顾孩子，做家务，日本飞机来了，要跑警报，要带全孩子的一切必需品钻防空洞。

洗洗涮涮近处没有水源，各家有水缸，几户人家共用一个挑水的。在母亲的讲述中，"挑水的"就是她的生活指导老师，简直近于无所不能，大约在那样一个特殊的时期，一群下江（四川人称呼所有长江下游省份，抗战时则泛指所有外省人）妇女的生活急需在本地人看来，都不是大问题，只要问，只要学，差不多都能解决。

雨季时候衣服晾好几天，也没有北方那种彻底干了的手感，挑水的说，已经潮干的衣服，只有穿上身才能全干，晾是晾不干的，说不定来阵雨，吸了水汽，比刚才又软一点。草屋里进了蛇，飞跑去叫挑水的，用根竹竿挑到远处去就是了。

住的地方偏僻，又带着孩子，不能外出，自己养鸡，可以有鸡蛋，种点菜，虽然单调，也算有得吃。荤腥则不能不依赖挑水的，知道附近哪里有杀猪的，就可以代购一些。不能选，碰上什么是什么。

川菜中有一道银肺汤，有时加杏仁，有时加川贝。挑水的用极廉之价代购，还授以清洗方法，把清水不停的灌入肺管，用手拍击后排出血水，不断重复，就可以得到雪白的肺用来炖汤。银肺汤常常是母亲惠而不费的一道菜。也是我从小听到大，却始终没吃过的一道菜。

周末，父亲兄弟三人，有时还加上一两个堂兄，张罗一大家人吃饭是当时母亲的一项重要工作。因此，母亲掌握了与罐头类似的保鲜法，其实就是比较低级的真空。譬如肉汤鸡汤，在天热的时候，容易自然腐败，母亲的方法是，选一只严丝合缝的汤锅，滚开之后，就不再掀锅盖，每天热开一次，可保两三天不坏。

过年时候，山上到处有梅树，折一大枝在草屋里，油灯把梅花的影子照在蚊帐上，一幅天然墨梅。

夏天吃过饭抱着哥哥在山上漫步，暮色中浮现出点点萤火。走近看，并没有萤火虫在飞舞，挑水的告诉，这里原来乱坟多，打仗以后才开始有人住，那是死人骨头冒出的火。母亲给我们解释，骨头中有磷，那就是磷火。

为伺候外婆的病中饮食，母亲十一岁踩着凳子"上灶"，所以，到结婚时候已然是做得一手好菜。不过，能做一手好菜与在四川时候的持家又有本质的不同，前者的条件是应有尽有，要做的就是一桌菜。后者常常是有什么才能做什么，对于出门在外的人，要的是一个家，包括吃饭洗澡睡觉等等，想得到与想不到的需求。

生活条件固然粗糙，但也有城市中难得的新鲜。譬如，如果不是杀猪现场，猪肺恐怕也不易加工成"银肺"，这就是我们从小到大只听吃不到的原因吧。

信笔至此，想到常有人表示难以理解，当初的家庭出身与后来的人生经历这么悬殊，怎么可能胜任？母亲爱说 "到什么时候说什么话"，还爱说，"穿衣吃饭亮家当"，主旨是适应性与量力而行，这是生活的两大基点。懂得这样两句话，就有可能胜任生活的悬殊。

武家坡

1951年11月，故宫博物院停止工作，进入全院学习阶段，"三反运动"开始。父亲的经历是1952年2月到5月在白云观，5月移送到东岳庙，端午之后，暂时回家，仍未作结论。7月与王世襄、李鸿庆、杨宗荣、赵启顺、曾广龄、崔仪、赵广元等人同时被关进看守所，到1954年4月1日，管理人员宣布释放回家。

从自新路出来，坐三轮回家。当时城区分为宣武、西城、东城等等，各区的三轮只服务本区，用今天出租车的概念解释，是担心长途空返挣不着钱，偶然遇有跨区的顾客，在区的交界处换车，车资先由新接手者垫付，这一天，父亲身无分文上车，先后经历了三次"倒车"才到家门口。宣布释放是在头一天，回家是二天，宣布之后，由看守所给在北京图书馆工作的二伯父打了电话，第二天回家这件事母亲是知道的，只是没敢告诉祖母。父亲下车按门铃，就是母亲来开门，隔着门问了一声，谁呀。父亲说，我，我回来了。母亲却突然用戏里念白的口气说了一句——你要后退一步。

《武家坡》中，薛平贵一路追赶王宝钏来到寒窑之外，叫门，说，是你的丈夫回来了。王宝钏说，即是儿夫回来，你要退后一步。这话的意思是，退一步，可以隔着门缝看清楚来人。

父亲也就接了薛平贵的对白：

——哦，退一步。

——再退后一步。

——再退一步。

——再要退后一步！

第三次之后，

——哎呀，无有路了啊！

母亲在门洞里说了最后一句，这一句更响亮一点：

——有路，你还不回来呢。

这才开开门，给了车钱。

好几十年之后，父亲每提起这一晚，都对母亲开门时候的玩笑佩服得不得了，一句话，你娘，伟大。就那时候，还开呢。（这个"开"是开心，开玩笑，开涮的简略语，综合了三者，似乎又高于三者。）

母亲去世后，父亲写过一首诗，回忆他们共同的经历：

净几瓶花情两关，
盆池石影幻青山。
落英犹惹蜂蝶闹，
退笔还书砚未闲。
鉴古裒珍篇帙富，
繁文颣句自须删。
登台粉墨悲欢意，
恍似神游伴玉颜。

　　没有了母亲这个伴侣，好多戏里的"哏"也就只能在心里温习了。

我家的词典

其实，每个家庭都有一些属于自己的词汇，只要记得，只要去问，就能勾连出一大片你始料不及的历史细节。父亲母亲说话之间，有些词汇，有些典故，都是和他们的生活经历相关的。如同歇后语的全部意味在于"歇"，一个停顿，一个对联想的启发。

映青映红——指水果成熟度好，能看出阳光在果皮上留下的痕迹，青红鲜明。近年常吃的一个新品种苹果叫嘎啦果的就可以称得上映青映红。应该是属于北京周边的语言。

还没到沙漠呢——形容用水太少，以至于失去洗涤的本意。母亲数落别人洗脸洗脚的水太少，敷衍了事的时候常用。父亲则分析说，这个话应该是你娘他们家的，蒙古人嘛。外婆家是蒙古与满族结合的家族，外婆本人还能骑马，游牧民族的生活本来是逐水草而居，牧场迁徙过程中也会有穿过沙漠的时候，生活用水就用皮囊装在牲口身上，洗漱全免，只留饮用。没到沙漠时候当然可以不必如此。

八杆子打不着马胯骨——说的时候常常省略马胯骨，仅说八杆子打不着，也是源自游牧民族的生活。杆子指套马杆，套马是要套住马的脖子，如果距离过远，沾不到马的身子，就不能套。形容关系很远，彼此知道，却无来往的家族、部落等。

浆哪——也是形容从事洗涤而用水过少。旧式的洗涤可以叫做浆洗，中外皆然。直至上个世纪70年代还存在生活中。没有洗衣机的年代，天气好的日子，主妇早早拆了被子，洗出来而不急着晾，拧干堆在盆里，掉头去准备午饭，这一天的午饭最合适是吃面条。手工面条会有薄面，煮面的汤不是清汤，所含的淀粉正好给被里上浆，甚至比专门冲出来的更合用。上过浆的衣物因为附有一层稀薄的淀粉，熨烫之后挺括有型。使用中的污浊大部分就附着在这层淀粉上，再洗的时候，很容易洗干净，还不用很多肥皂。

撅嘴骡子当驴卖——不值钱就在那嘴上。骡子是驴和马的后代，具有驴的结实耐劳与马的体魄强健的双重优点，但是在价钱上又比马便宜。而骡子的长相有时偏向于马，有时偏向于驴。长相像驴的骡子会让人误以为驴，拒绝按照骡子的价钱交易。这话的意思是，因为多言抵消了自己的长处，甚至还有负面的作用。

娘娘驾——在生活中形容一些摆放蹊跷蕴含危机的陈设，或者独具其表的结构。譬如，自己手工做了一个书架，结构不合理，不符合力学，就会被母亲诟病，"就这，娘娘驾似的，还搁书呢"。知道所指，但一直不明白什么东西是真的"娘娘驾"。及至看见故宫院藏清人张恺画走会的图《普庆升平》，才知就是朝山过会的项目，与舞狮、旱船、五虎棍相类。进入语言，形容不实用，单纯表演，没用的废物还虚张声势。

王婆子画眉——戏里常有王婆，歇后语中也有。重点在于画眉这件事应该是年轻妇女，如果年长，至少也得是夫人级别才可为，婆子的称谓既关乎年纪又关乎身份，就是年长而地位较低的妇女，没有打扮上的要求，本人也会非常敷衍，草草了事。小时候如果扫地不干净，会被说，这是你扫的地，王婆子画眉似的。

眼睛是出气儿的——说看不见非常明显的东西，

揶揄眼睛没有应有的视力。

直眼达子——形容直眉瞪眼的状态，如同塞外孤独的蒙古牧人来到繁华都市中一样目不暇接。达子泛指北方少数民族，苗子蛮子泛指南方少数民族，这是北京人在称谓上的自我优越感。正如老舍笔下北京人的世界观"除了北京，哪儿都是乡下"一样。当代画家陈丹青所作西藏组画中基本就是直眼达子的形象。

玩儿鹰——小时候哥哥姐姐外出时间过长，回家后母亲会说，这一天，哪儿玩儿鹰去了，当时觉得是形容很长时间没有踪影，近年做造办处档案的校对时，看到皇宫里的服务人员有"鹰上人"的说法，立刻记起母亲的这句话，鹰上人的工作内容有养有驯，带着鹰到野地里放飞参加狩猎是经常性的，所以玩儿鹰的事情不会有准确的时间，也不会在短时间里完成，用来形容满处乱逛的不靠谱的人是很恰当的。

老糟儿——父母之间谈话中代指南方相貌或习惯，譬如父亲退休后置了一顶罗宋帽（上网搜索方知确实盛行于南方，驼绒制，帽身长，可以根据冷暖三翻两翻或完全放下，护住脖颈耳朵，原是俄罗斯人所用，所以称罗宋帽，据说在上海盛锡福近年仍然有售，且不贵），加上中式对襟的棉衣，就会被母亲说，老糟儿样儿。对于喜爱南味的或甜或咸或臭等等，也被母亲以老糟儿习气概之。说到口味，父亲的家庭固然是因为南人入北，始终保留着家乡的习俗，当然就包括口味。母亲的家庭尽管是蒙古与满族结合的家庭，但母亲的祖父曾经有做川东兵备道的经历，在四川生活多年，家里有个老姨太太就是四川人。家里的日常生活习惯也是南北并行。譬如说，年节的祭祀，这是大事，肯定是标准的蒙古人的方式。而家里常年吃米饭，廊檐下有很多分门别类的泡菜坛泡泡菜，包括称呼上也是外公外婆，而不是姥姥姥爷。

说到这里，让我想起哥哥的一封信：

今天收到《紫禁城》第六期。《皇宫里的玩具》一文读起来格外亲切，见到配图中的兔儿爷、布老虎简直如见故人，一下子使我通过时空隧道回到了金色童年。配图中的蒙古象棋我是第三次见到。第一次是抗战胜利后回到北平，在赵伯英二舅家见到他父亲（人称马老爷）留下来的几件蒙古旗人家中旧物。其一为装在鹿皮口袋中的几个木制小人，快过年时取出来擦洗过便放在墙壁上的祖宗板上，除夕夜由长子长孙等男性家庭成员行礼祭祖，还用一双筷子蘸点肉汤往小木人嘴上一抹，行礼人口念"飞儿赤"（译音），礼成。其二即他们家的蒙古象棋，到他们家便叫驼棋。只不过他们家那蒙古象棋造型比较简单。第二次见到时"文革"已开始，赵元方舅舅家已被祖家街三中红卫兵抄过，赵伯英二舅也成了惊弓之鸟，便将旧宅中所谓四旧，包括他父亲留下的蒙古象棋、鹿皮口袋中的小木人祖宗、两张没上的弓、一杆健锐营火铳、一个专治跌打损伤的蒙药，拿到翠花街让舅舅看后都交给红卫兵，据说红卫兵不要，后来便不知下落。如今蒙古正黄旗鄂卓尔家族也没有人了，上述东西若要还在，也只能算文物。一不是武器二不是四旧……

豆皮儿——亦指南人，但不明来源和所指。二伯父家中有保姆白姐，地道北京人，为人热心爽朗，做家庭服务时间颇久，对人知之亦深。曾与父亲聊起她做过活的南方人家，言下多微辞，父亲因为自己的籍贯不便插嘴，只含笑听讲。最后总结说，就这豆皮儿呀，讨人嫌着哪。父亲才说，我就是豆皮儿。白姐爽朗大笑，四爷，您怎么会是豆皮儿哪。您可不是豆皮儿。认定父亲是玩笑话。

无独有偶，哥哥有赵姓同学，喜观剧，多有心得，时与父亲畅谈。一日说起洗澡的习惯，父亲说，上外头洗澡都是直接洗淋浴，洗完就走，从不下大池子（曾经，公共浴室的男部必有池汤，淋浴与池汤处一室，洗浴者有直接淋浴者，亦有先淋湿，后至池中泡至个人满意，以淋浴结束。电影《洗澡》对此有很好的记录与阐述），也没有在澡堂子睡觉的习惯。哥哥同学惊诧，质问的口气说，那您不对。您还老北京呢，您怎么能不泡澡呢。父亲对于这么坦率又执着的质问，亦只有含笑而已。

冷锅冒热气——形容蹊跷的事情。锅烧热了才能冒出热气，没有烧的锅是不应该冒热气的。某一个很久不往来的人，突然来了，并且十分热情。令人不解，进而稍有不安。

凉药——说一个人话说得不当，简直像傻子说的。中医认为药的性有凉有热，譬如生石膏即是凉性，除非有大的内热，不可多用。傻，有先天智力发育不完全与后天生病服用镇静药物过多致智力停滞两种。凉药的意思是，是不是得了热病，吃凉药吃多了？像傻子，其实不是傻子，一时不明白，或过于粗疏。故不说傻，而说凉药。犹如上海人当此情境之下说神经搭牢，亦是用电线短路会产生故障，来象征荒唐言语不合人之常情的状态。

机器——言人说话做事机械死板之风格。譬如，每天会出门散步，但多数人不会把时间固定到几点几分，也不会不顾任何情况发生都要出门。反之，则可称为机器。

烂儿——不好收拾的局面，有时还可称不便安置的人。这本来并不是我家里使用的词汇，随着某一次讲述而以其精彩活现而留在我家的。譬如，某人心血来潮要织毛衣，毛线买了，学习编织的杂志也买了，甚至还织出了好几种完整的图案，但一直没有把毛衣织出来，遗留下来的一组与编织有关的针线样品图案就可以叫做某人留下来的烂儿。遇见一个人，接手把未竟事完成了，可以叫把某人留的烂儿收拾了。

具有影响力的人周围总有一班人追随左右，彼此互相扶持，对外保持一个相对固定的高度。但中心人物忽然去世，原来共同的努力方向消失了，班子也就自然离散。但总会有个别人，机缘不凑，无法再找到自己合适的位置。逝者的家人亦不忍心弃之不顾，遂有死人留活烂儿一说。

烂儿达——某某达中的达字，原系满语中头目之意，如夸兰是营盘，夸兰达是营盘的头目。进入北京话以后，发展了一些本来没有的词汇，以舒北京人说话曲折揶揄之好（读四声），以烂儿作为达的限制，说明此人擅长把事情办坏，故称做负责把事情办坏的头目。

为嘴伤身，为媳妇拜丈人——说付出与回报之间的关系。

背着丈母娘游五台，挨压落不着直（值）个——超出本分与实际需要的付出。如丈母娘行动不便，女婿出力气是应该的，唯需有度，看病，或者逃命可以背，游山逛景则不必。

坟头狗——假獾（欢），在外形上，狗与獾有相近处。远看可能会走眼，近看完全不同。坏人失势，以为人皆不知，勉力维持原来吆五喝六的姿态，似乎仍在享受，实乃深受内心煎熬。知情者一语道破。

头辈子为人——意即在转世轮回中第一次进入人这个角色，所以处处很陌生，保留着大量上一世做动物的习性。揶揄人不懂人事，不说人话，不可理喻。

怯八义——貌似有规矩有讲究，其实并无所本，亦无所传。网络上搜到的"旧时北京人对在京做工、卖艺或经商的外乡人的蔑称"。似乎只解释了"怯"，北京人以自己的地域优势常用怯作形容词。 "八义"指什么？我的理解，这个词汇是由常听评书人的说话来，评书有所谓"大八义""小八义"之别，曾经是最流行，受众最广泛的两部书，个别新创的故事对于听书人难于接受，一言以蔽之曰是怯八义。

拉着何仙姑叫舅母——沾仙气儿。以何仙姑为主人公的歇后语流行比较广泛，但与此有出入。流行版本是"拉着何仙姑叫舅妈——五百年前是一家"，是把很远的关系说得很近、很亲。

怎样称呼神仙没有规定，大半是由人间称谓而来的习惯。未婚女子成仙方称仙姑，叫仙姑舅母，目的在于让旁人产生羡慕、信仰等感觉。

对女性的称谓除去她本人的姓氏特征之外，更多伴有婚姻的从属关系在内，某夫人，某伯母，某奶奶，某婆婆均是。把张爷爷的李姓妻子叫做李奶奶，其实是不对的。从这个角度上看，无论几百年前，何仙姑的未婚身份是不变的。这个身份不变，则退回数百年亦不能与说话之人存在姻亲关系，仍然是解释不通的。也就是说，是为了沾仙气儿在攀扯。彼此没有关系，而不是远或近的问题。

妞穿套裤——（只有裤管，而没有裤裆、裤腰的下衣。穿着时用系带方式和裤带系结在一起。今天的套裤主要用橡胶布或塑料薄膜裁制，是作为防雨和防污的穿着之用。我国在秦汉以前就有这类套裤，称无裆裤。有裤裆，就是从此演变发展而成。）这是父亲讲的母亲的旧事，想是他们结婚之后的经历。母亲的外祖父有两个没有出嫁的妹妹，家中称呼"五老爷""六老爷"，非常疼母亲。冬天总觉得母亲穿的太少，旗袍说是棉的，薄薄一层，知道外孙女正是爱美的年纪，绝不肯穿棉裤，劝道，姐，你要嫌棉裤笨，穿上点套裤好不好。父亲暗笑到揪住自己的领子，棉裤都不穿，那套裤更没法儿穿了。他自己也有过同样经历，上中学时候，同学都以不穿棉裤为荣，但祖母面前明知不允许，于是变通为每天一早穿着棉裤去给祖母请安，之后把棉裤脱在门房，只穿单裤去上学，下学回家时先穿棉裤，再去见祖母。暑假时，每天下午和同学约了去学校打球，告诉祖母时，祖母的说法是，受暑去。父亲说，年轻嘛，总有点寒暑不侵的傻劲。甭跟孩子为冤结仇的。点到为止，别勉强。

此地无朱砂，红土子为贵——朱砂和红土子都是天然的红色矿物质，但有贵贱与用途之别，朱砂可以经久不褪。此外，朱砂又可以入药，有镇静安神之用。

红土子只是建筑材料，与灰混合，用于墙面、柱子等处的装饰，红土子比较容易褪色。

这句歇后语的意思是，朱砂和红土子是两样东西，价值更不相同。虽然说起来都是红色。

肚脐眼耍幡，心里的劲儿——这句话形容一个人做事有意不流露意向，让周围的人不明就里。耍说的是幡落在身体的各部分，其中常见的是肩、臂、肘，或是额头等，所以当耍幡人迎向幡杆的时候，观众可以看见身上的运力。唯肚脐位居中，如真可使幡落，不易看出势头。

十里地遇不见秃子，还遇不见扫脑儿——扫脑儿是秃顶或秃疮的别称，这是一个弱势者略带发狠的预言，完整的秃子少见，秃顶或秃疮还是比较常见的。深一层的意思是，今天你没有克星，以后总会有遇见克星的一天。

小掠——意即小偷，扒手。唯读音与字面不同。小读第二声，掠读作里。至今相声评书中仍然能听见，却始终不知哪两个字，请教了父亲的好朋友吴春礼先生，毫不迟疑的给出了精准的解释，"掠"有夺取、抢夺意，"小"又限制了这个行为。

后　记

书的名字叫《父亲的声音》。

起因是此书中收入的一篇小文就叫这个名字，这是由头。

朱家溍先生是我的父亲，他二〇〇三年去世，到今年已经过去十五年了。

父亲在世的日子，有了任何问题，张嘴就问，父亲去了，不能重现往日旧景，真有很长时间不能适应。不仅是我，周围的同事，朋友皆如此感觉。

而事实是，上一辈人去了，生活必然还在继续，我，和我的同辈人，以及更年轻的人，总要继续承担我们应负的责任，总要学着自己解决遇见的问题。老的人去了，孩子长大了，长辈没有了，我们已经到了所谓长辈的年纪了。这是自然规律，除了适应，并没有其他的选择。

这十五年中，因了种种需要，反而比父亲在的时候，听见父亲声音的时候更多，我说的听见并不是真的听录音，是阅读和回想的过程。

父亲的文字，一如他的为人，平常，简洁，不骄傲，不端着，就像他日常的说话，清楚明白，任何的外行也能看懂。

父亲对待文字的态度是平和的，对于我这个读者来说，读父亲的文字，就是"听"他的说话。听的次数多了，就能回想此处与彼处的关联，就能有发问，就能听出原来没有明说的意思。

书中所收文字新旧都有，挑选自己文字的过程中发现，专门写父亲的真不多。但几乎所有的文字中都有父亲在，因为他的与人共事，因为他的讲述。

《遥远的咸宁》写的最早，还是父亲看着完成的。父亲教我说，你就按着自己说话的方式写，一件事说完了起个名字，算是一个小节。地名、人名只要知道的尽量多记下来。投稿给故宫的职工报纸，许多当事人看见自己的名字，都觉得亲切。见了面，都很鼓励我。

《我所知道的王世襄先生》是请王伯伯看后发表的，他与父亲被拘留期间的编号，还是王伯伯告诉我的。

1辑中所收10篇，其中3篇是父亲，7篇是父亲的老师、朋友、同事和领导。他们从同一个时代走过，他们彼此互为背景，没有父亲，我不会知道他们，去了解他们，谈论他们。尽自己所能去记录他们的一些生活痕迹，工作中的片段，也就是记录了我的父亲。

　　2辑6篇，是跟戏相关的人与事。演戏排戏，是父亲日常生活的一部分，也是我家生活的一部分。无论是在后台照管父亲，还是在前台看父亲演戏，没有觉得什么特别。父亲去后，今日一点，明日一点的体会，平常中竟有许多情理在。

　　3辑中的8篇，有5篇是与我的工作相关，近似于面对着父亲说话。今年我做了什么，怎么做，对不对。

　　4辑是家中的琐事与旧事，大部分是听来的，少部分是自己经历的。

　　原来不知道心里积攒了这许许多多过去生活中的片段，写这些文字的时候才一点点浮现出来，描摹的过程并不容易，心手相应的程度也不能让我满意。

　　父亲去世之后，时常会记起他对某一种事物的表述方式，会陡然间意识到他为什么这样说，而不是那样说。

　　同时我也会很自然的形成一种习惯，凡事做出一个选择之后，会在心里掂量父亲对此事的看法，是赞许，还是摇头。

朗月初升，暮色四垂，默坐片刻，似乎是，父亲一天也没有离开过我，一直可以交谈。